小学 標準問題集 4年 国語 読解力

この本の特色 ―指導される方々へ―

① 基礎《きそ》から応用《おうよう》まで３ステップ式で構成《こうせい》されているので、国語の読解《どっかい》問題が苦手な児童《じどう》も無理《むり》なく実力アップがはかれます。

② 国語の出題の中心である読解問題を集中的に学習することができ、テストで確実《かくじつ》な得点《とくてん》アップが見込《みこ》めます。

③ 答え（別冊《べっさつ》）の「考え方」や「ここに注意」では、問題のくわしい解《と》き方や注意すべきポイントが示されているので、十分に理解しながら学習を進めることができます。

もくじ

答え………別冊

本書に関する最新情報は、当社ホームページにある本書の「サポート情報」をご覧ください。

（開設していない場合もございます。）

1 言葉の意味(1)

学習のねらい

調査《ちょうさ》によれば、小学生が使える言葉の数は、五千〜二万語だそうです。大人になると、五万語ほどを使っているといわれています。使える言葉を増《ふ》やす努力《どりょく》が大切です。

勉強した日　月　日

ステップ1

1 次の文中の——の言葉の意味をあとから選《えら》び、記号で答えなさい。

① きたる八月十日に、夏祭りがあります。（　）

② これは、あらゆる人々にとって大きな問題だ。（　）

③ 彼《かれ》はいつも、さしたる用事もないのに、ふらりとやって来る。（　）

④ この店で売っているのは、ジュースやお茶などの、いわゆるソフトドリンクだ。（　）

ア よくいわれている　イ これといった
ウ すべての　エ 近いうちに来る

2 次の文中の［　］の中の言葉のうち、正しい方に○をつけなさい。

① ［元日・元旦《がんたん》］の夕方、神社は初《はつ》もうでの客でにぎわっています。

② ［耳ざわりな・耳ざわりのいい］音が聞こえる。

③ ［雲もよう・雨もよう］だったので、外出はひかえた。

④ 場ちがいな発言に、思わず［冷笑《れいしょう》・失笑《しっしょう》］してしまう。

⑤ いためた足を［守り・かばい］ながら歩いた。

⑥ あやしい人物が付近《ふきん》を［うろついて・さすらって］いてこわい。

⑦ どんなにがんばっても、わたしにとってはこれが［精《せい》いっぱい・力いっぱい］だ。

3 次の文章を読んで、あとの問いに答えなさい。

ゲーテはドイツの文豪《ぶんごう》です。大作「ファウスト」は、いまの日本ではあまりはやりませんが、私《わたし》の学生時代には、青年の必読書扱《ひつどくしょあつか》いでした。そのゲーテが死ぬ時に残《のこ》した言葉は、

①もっと光を。

だったそうです。もちろんゲーテはドイツ語で言ったので、あるいは「mehr Licht《メーア リヒト》」とでも言ったのかと思いますが、それを日本語で①のように訳《やく》すると、死を目前にしてのゲーテの心が、二通りに理解《りかい》され得《う》るように思います。一つは「闇《やみ》だ、暗い！」と叫《さけ》んでいるのだ、という理解、もう一つは「□」と頼《たの》んでいるのだ、という理解です。もとのドイツ語でこんな二通りの解《かい》が可《か》能《のう》なのかどうかは別《べつ》問題として、日本語でそれが可能なのは、「もっと」のせいだ、というところから出発します。

（渡辺《わたなべ》 実《みのる》「さすが！ 日本語」）

＊文豪＝作家の中でも、特《とく》にすぐれた人。
＊解＝答え、解答《かいとう》。

問 □にあてはまる文を次から選び、記号で答えなさい。

ア 懐中電灯《かいちゅうでんとう》を持ってきてくれ。
イ 部屋の照明《しょうめい》を今より明るくしてくれ。
ウ ろうそくに火をともしてくれ。
エ 部屋のカーテンを閉《し》めてくれ。

（　　）

4 次の文章を読んで、あとの問いに答えなさい。

「虫送り」とは農家で稲《いね》の穂《ほ》の出るころ、田に害虫《がいちゅう》がわかないようにと、虫除《むしよ》けの行事をする。わら人形の田の①神をこしらえ、竿《さお》の先につけて、鉦《かね》をたたきながら畦道《あぜみち》を②めぐる。その後から子どもたちが稲《いな》わらの松明《たいまつ》で穂の上をはらって害虫を追い出していく。村境《むらざかい》まで来ると、わら人形を焼《や》いてしまう。

（芳賀日出男《はがひでお》「折口信夫《おりくちしのぶ》と古代《こだい》を旅ゆく」）

＊鉦＝平たい円ばん状《じょう》の打楽器《だがっき》。

問 ――線①と②の言葉の意味を次からそれぞれ選び、記号で答えなさい。

ア 手を合わせておがむ
イ 盛大《せいだい》にまつる
ウ つくり上げる
エ あちこちへ動きまわる
オ 飛《と》びはねる

①（　　）　②（　　）

ステップ2

時間 25分
合かく点 70点
得点　　点

勉強した日　月　日

1 次の文章を読んで、あとの問いに答えなさい。

関東《かんとう》北部のある村で毎年行《おこ》なわれる「花まつり」の映《えい》像《ぞう》を、テレビで観《み》た。ツツジが名産《めいさん》の村だそうな。ツツジの開花が盛《さか》りを迎《むか》えた頃《ころ》、子どもたちは村じゅうのツツジの花をちぎり、籠《かご》にどっさり集めて、それを弄《もてあそ》ぶ。空にぶちまける、道に棄《す》てる……。せっかく村人たちが大事に育てた花をひきちぎって、あたりにぶちまけるとは何ごとかと、①目を疑《うたが》った。植物にくわしい人にきくと、翌年《よくとし》の収穫《しゅうかく》のためにはある程度《ていど》の「②間引き」が必要《ひつよう》なのだという。なるほどと思いながらも、それを子どもに③無《ぶ》礼講《れいこう》のような祭りとして行なわせるには何かそれ以上の意味があるように思えてならなかったのだが、そのときはその意味がまだよくつかめなかった。

たまたまそのすぐあとに、ある*高名《こうみょう》な華道家《かどうか》が花を生ける場に居合《いあ》わせる機会《きかい》を得《え》た。それまで生け花を間近に見たことがなかったわたしは、ここでも眼《め》を疑うような情景《じょうけい》に出あうことになった。伊豆《いず》の山中から採《と》ってきた古木の孔《あな》に、椿《つばき》の枝《えだ》から花と葉をむしりとって花一《いち》輪《りん》だけ残《のこ》したものを生ける作品だった。木を折《お》る、割《わ》る、切る、枝をさく、曲げる、ためる、葉をむしる、花をちぎる、そして最後《さいご》は*剣山《けんざん》にさす……。これでは「生け花」どころか「いじめ花」「殺《ころ》し花」ではないかと、［④］思った。

⑤手塩《てしお》にかけて大切に育てたそのいのちを奪《うば》う。壊《こわ》し、棄てる。せっかく大事に育てたものをなぜ？　この問いがずっと［⑥］のだが、あるときふと思った。わたしたちが日々していることを、これはただ映《うつ》しているだけなのではないか、と。

わたしたちは、何かを食べないと生きてゆけない。そのために、家畜《かちく》として獣《けもの》を育て、そして殺す。漁《りょう》をし、持ち帰った魚を［⑦］。野菜《やさい》として育て、そして葉っぱをむしる。そしてそれらのいのちをおいしくいただく。この、人間の生活のいちばん*根幹《こんかん》にある⑧営《いとな》み、その「実《じつ》相《そう》」から眼をそらして、それらを食べ残したり棄てたりすることがないようにとの⑨戒《いまし》めとして、この祭り、この芸道《げいどう》はあったのではないか。

（鷲田清一《わしだきよかず》「いのちを見とどける――『花』をめぐって」）

*高名＝評価《ひょうか》されていて、名前がよく知られている。
*剣山＝生け花で使う。花をさすための道具。
*根幹＝物ごとの、大事なこと。

(1) ――線①の言葉の意味を次から選《えら》び、記号で答えなさい。(20点)

ア 見ても信じられないほどふしぎに思う。

イ よいものを見分ける能力《のうりょく》をもっている。

ウ 見つけるのがすばやい。

エ さがし物をするときに、目を大きく見開く。

（　　）

(2) ――線②・③・⑧・⑨の言葉の意味を次からそれぞれ選び、記号で答えなさい。(20点)

ア 生活のためにする仕事。

イ 身分や地位《ちい》を無視《むし》して行う宴会《えんかい》。

ウ 糸を同じ長さに切りそろえること。

エ まちがいをしないように前もって教えること。

オ 悪いことをしたときに、罰《ばつ》をあたえること。

カ 野菜などを大きく育てるために数をへらすこと。

②（　　）　③（　　）　⑧（　　）　⑨（　　）

(3) [④]にあてはまる言葉を次から選び、記号で答えなさい。(20点)

ア 心まちに

イ 心しずかに

ウ 心おだやかならず

エ 心ここにあらず

（　　）

(4) ――線⑤の言葉の意味を次から選び、記号で答えなさい。(20点)

ア 直したりおぎなったりする。

イ 何もしないでただ見ている。

ウ いろいろ世話をして大切に育てる。

エ なかまになり、協力《きょうりょく》する。

（　　）

(5) [⑥]にあてはまる言葉を次から選び、記号で答えなさい。(10点)

ア 胸《むね》をふくらませていた

イ 胸をうたれていた

ウ 胸につかえていた

エ 胸にえがいていた

（　　）

(6) [⑦]にあてはまる言葉を次から選び、記号で答えなさい。(10点)

ア いける

イ さばく

ウ きりとる

エ ためる

（　　）

2 言葉の意味 (2)

勉強した日　　月　　日

学習のねらい

言葉を使えるようになるためには、まず意味を知ることが大事です。意味をまちがえて使いやすい言葉には、特《とく》に気をつける必要《ひつよう》があります。

ステップ1

1 次の文中の――の言葉の意味をあとから一つずつ選《えら》び、記号で答えなさい。

① ものすごい剣幕《けんまく》でどなられた。（　　）

② 百でなければゼロとは、ずいぶん極端《きょくたん》な考えだ。（　　）

③ この大会で決勝戦《せん》に進出するには、勝ち点3が必須《ひっす》だ。（　　）

④ 歯《は》ならびが悪いので、矯正《きょうせい》しようと思う。（　　）

ア 欠点《けってん》などを正しく直すこと。
イ 怒《おこ》った顔つきや態度《たいど》。
ウ かならずなくてはならないこと。
エ 一方にひどくかたよっていること。

2 次の文中の――線の意味は、あとのアとイのどちらですか。それぞれ選び、記号で書きなさい。

① あの人とは初《はじ》めて会った時から気が置《お》けない。（　　）
ア 気づかいせずにつき合える。
イ 気を許《ゆる》すことができない。

② 議論《ぎろん》が煮《に》つまってきたので、決をとります。（　　）
ア 十分に議論して、結論《けつろん》の出せる状態《じょうたい》になる。
イ 議論が先に進まなくなる。

③ その知らせに、人々は浮《う》き足立った。（　　）
ア うれしくて落ち着かない様子。
イ 恐《おそ》れや不安《ふあん》で落ち着かない様子。

④ ベンチにすわっていた男の人が、やおら立ち上がって、こちらに歩いてきた。（　　）
ア ゆっくりと
イ 急に

3 次の文章を読んで、あとの問いに答えなさい。

「江戸前《えどまえ》ってどこどす」

「そりゃ昔から江戸城《えどじょう》の前の海ってことになってるけど」

聞きかじり識《し》ったかぶり専門《せんもん》の私《わたし》には、その程度《ていど》の返事しかできない。

「けど、昔の江戸前と今の江戸前とでは、その場所もだいぶ違《ちが》うんとちゃう?」

こりゃだめだ。食べ物のことになると、いつだって急に強情《ごうじょう》っぱりになるこの京都の友人を納得《なっとく》させるには、専門家《せんもんか》の手を借《か》りねばならぬ。というわけで出かけて行ったのは麻布《あざぶ》は十番通りにある私の行きつけの江戸前天ぷら屋U《ユー》。

(渡辺文雄《わたなべふみお》「江戸前天ぷら・今昔《こんじゃく》」)

問　――線の言葉の意味を次から選び、記号で答えなさい。

ア　話を聞いただけで心にとめないこと。

イ　話を少しだけ聞いて、表面的な知識《ちしき》をもつこと。

ウ　以前《いぜん》から聞いて、よく知っていること。

エ　上手に受け答えしながら話を聞くこと。

(　　)

---

4 次の文章を読んで、あとの問いに答えなさい。

空は少しくもって、逆光《ぎゃっこう》の海。波はしぶ*いてはいませんが大きくうねっています。その海面すれすれを海《うみ》雀《すずめ》(黒い頭、白い後頭部と、胸腹部《きょうふくぶ》、灰色《はいいろ》の背《せ》をした小形の海鳥)の群《む》れが飛《と》んでいます。そんな光景《こうけい》を描《えが》いてみたくなります。

飛び回る海雀を「銀の点点」で表し、その下に大きな波のうねりを配置《はいち》します。上下する波のうねりに合わせて、海雀は波の頂上《ちょうじょう》をかけ登ったかと思うと次の瞬間《しゅんかん》には波の向こう側《がわ》に姿《すがた》を消します。躍動《やくどう》する雄大《ゆうだい》な海とその波にもてあそばれる小さい生命とのドラマチックな対《たい》比《ひ》です。

(萩原昌好《はぎわらまさよし》「少年少女のための日本名詩選集《せんしゅう》」)

*しぶく=しぶきが、飛び散《ち》る様子。

問　――線の言葉の意味を次から選び、記号で答えなさい。

ア　好《す》き勝手にあつかわれること。

イ　さかんにほめられること。

ウ　客として応対《おうたい》されること。

エ　あちこちに引っぱられること。

(　　)

ステップ2

勉強した日　月　日

時間 25分　合かく点 70点　得点　点

1 次の文章を読んで、あとの問いに答えなさい。

　手を温めることは、単にストレス解消《かいしょう》に役立つだけではない。①およそ指先は、人が何であれ世界に触《ふ》れる第一歩になる。だから指先の感覚《かんかく》が*鋭敏《えいびん》になれば、頭も連動《れんどう》して働《はたら》き出すのである。

　日常的《にちじょうてき》にあまり意識《いしき》することはないかもしれないが、私《わたし》たちのいわゆる五感の中でも「②」はとりわけ③繊《せん》細《さい》な感覚であるという。たしかに手先や指先によって、④きわめて微妙《びみょう》な重さや厚《あつ》さの違《ちが》いを感じることができる。

　例《たと》えば以前《いぜん》、あるテレビ番組に出演《しゅつえん》したとき、ガラスペンの職人《しょくにん》さんがゲストとして登場されたことがある。ガラス棒《ぼう》を火であぶりながらねじり、最後《さいご》にペン先をつくるという日本生まれの製法《せいほう》の、今や国内で唯一《ゆいいつ》の継承《けいしょう》者《しゃ》だ。

　実際《じっさい》にそのペンで書かせていただいたが、インクに一度つけると、細かい溝《みぞ》がスッと吸《す》い上げていく。おかげでずっと長く書き続けることができるし、書き心地《ごこち》もいい。まさに"⑤職人技《しょくにんわざ》"だ。

　その技術《ぎじゅつ》を身につけるには、相当な修行《しゅぎょう》が必要《ひつよう》であるという。それも頭で覚《おぼ》えるのではなく、手先の微妙な感覚がすべて。それが少しでも狂《くる》うと、いいペンにはならないらしい。お話を伺《うかが》って、「人間の手先はここまでできるのか」と驚《おどろ》いた覚えがある。

　同じような話はほかにもある。陸上競技《きょうぎ》で使う砲丸《ほうがん》をつくる技術は、日本の職人が⑥という。表面に細かな溝を刻《きざ》んだり、重心を*ブレないようにしたりするのは、やはり指先の*熟練《じゅくれん》の感覚が⑦をいうらしい。

　さらに例《れい》を挙《あ》げるなら、ジャズピアニストの上原《うえはら》ひろみさんは、指を⑧自在《じざい》に動かすための基礎訓練《きそくんれん》をいつも実《じっ》践《せん》されているという。机《つくえ》の上に五本指を立てるように置《お》き、小指から順番《じゅんばん》にトントンと机を叩《たた》く。たとえ相手が机であっても、いい音を響《ひび》かせるのが⑨らしい。プロとして、おそらく手指の動きの自在さと*クリエイティビティをワンセットで捉《とら》えておられるのだろう。⑩まさに「手で考えている」わけだ。

　一般人《いっぱんじん》である私たちの手も、豊《ゆた》かな可能性《かのうせい》を秘《ひ》めている。自分自身の手元にも血を通わせれば、その可能性のスタートラインに立つことができる。そう思うと、少し元気が出てくるのではないだろうか。手は心の出先機関《でさききかん》、と考えるぐらいでちょうどいい。

（齋藤《さいとう》 孝《たかし》「日本人の心はなぜ強かったのか」）

＊鋭敏＝鋭《するど》いこと。敏感《びんかん》。
＊ブレない＝動くことがない。ゆるがない。
＊熟練＝物ごとを上手にできること。
＊クリエイティビティ＝新しいものごとをつくり出す力。
＊出先機関＝はなれた場所で、代わりに仕事をする機関。

(1) ――線①、③、④、⑧、⑩の言葉の意味を、次からそれぞれ選《えら》び、記号で答えなさい。(30点)

ア そもそも
イ ちょうど
ウ 非常《ひじょう》に
エ 当然《とうぜん》
オ 弱々しい
カ 思うままに
キ こまやかな

①（　）　③（　）　④（　）　⑧（　）　⑩（　）

(2) [②]にあてはまる言葉を次から選び、記号で答えなさい。(15点)

ア 視覚《しかく》　イ 聴覚《ちょうかく》
ウ 味覚《みかく》　エ 嗅覚《きゅうかく》
オ 触覚《しょっかく》

（　）

(3) ――線⑤「職人技」とありますが、この言葉の意味を、次から選び、記号で答えなさい。(20点)

ア 世界中の職人が共通してもっている技。
イ 偉大な職人が秘密《ひみつ》にしている技。
ウ 熟練した職人だからこそできる技。
エ 有名な職人が教えてくれる技。

（　）

(4) [⑥]にあてはまる言葉を次から選び、記号で答えなさい。(15点)

ア 随一《ずいいち》　イ 唯一
ウ 合一　エ 画一

（　）

(5) [⑦]・[⑨]にあてはまる言葉を次からそれぞれ選び、記号で答えなさい。(20点)

ア コツ　イ ブツ
ウ コト　エ モノ

⑦（　）　⑨（　）

3 指示語《しじご》をおさえる

学習のねらい

文章中のことがらを指し示《しめ》す言葉を「指示語」といいます。文章を読むときに、指示語が何を指し示しているのかをたしかめるようにしておくと、文章の理解《りかい》に役立ちます。

勉強した日　月　日

ステップ1

1 次の文中の――線の指示語《しじご》が指していることがらを、それぞれの字数に合わせて答えなさい。

① さっき、公園の前を通った。そこでは、お祭りをやっていた。

□□

② 上質《じょうしつ》の小麦粉《こむぎこ》を買った。これで、パンを焼《や》くつもりだ。

□□□

③ 向こうに青い屋根の家が見える。あれが、今話題のレストランだ。

□□□□□□

④ 西の方はがけになっています。あぶないので、そちらには近づかないでください。

□□□

2 次の文中の□にあてはまる指示語をあとから選《えら》び、記号で答えなさい。

① 図書館にたくさんの本がある。今日は□をかりて読もうか。（　）

② 君のやり方はおかしい。□やり方では完成《かんせい》しないよ。（　）

③ どうぞお入りください。□場所で作業をします。（　）

④ 窓《まど》の外をごらんください。□に見えるのが富士《ふじ》山《さん》です。（　）

ア どこ　イ どれ　ウ あちら
エ この　オ そんな　カ これ

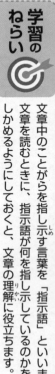

３ 次の文章を読んで、あとの問いに答えなさい。

ソクラテスは作品を書いていない。しかし第一級の思想家《しそうか》とみなされてきた。どうしてか？　ソクラテスの＊最《さい》晩年《ばんねん》の弟子であったプラトンが、弟子として、師《し》の言葉を残《のこ》したからだ。しかし、ソクラテスの言葉といわれているものは、聞き書きでさえない。プラトンが、彼《かれ》の作品のなかでソクラテスの言葉として書き記したものだ。プラトンの作品のなかのソクラテスで、創作《そうさく》である。しかもプラトンの言葉と二重写しである。こういう「思想家」を私《わたし》は本書では対象《たいしょう》にしていない。

（鷲田小彌太《わしだこやた》「昭和の思想家67人」）

＊最晩年＝一生の、一番終わりに近い時期。

問　――線「こういう『思想家』」とは、どのような思想家ですか。次から選び、記号で答えなさい。

ア　弟子をあまりもたない思想家。
イ　創作をした思想家。
ウ　本人の作品や言葉が残っていない思想家。
エ　他人の作品を書き写した思想家。

（　　）

４ 次の文章を読んで、あとの問いに答えなさい。

清少納言《せいしょうなごん》と紫式部《むらさきしきぶ》と和泉式部《いずみしきぶ》との三人を、「平安《へいあん》の三才女」と呼《よ》びます。もちろん三人の才能《さいのう》にも＊得手不得手《えてふえて》があって、清少納言は歌人の家系《かけい》に生まれながら、歌は得手ではありませんでした。歌は和泉式部が一番だったのです。文章は何と言っても紫式部でしょう。歌も文章も一番でないとなれば、清少納言が他の二人に勝《まさ》っていたのは何か、ということになりますが、それは上流の人を相手にした対話の質《しつ》の高さでありました。その質の高さは見事なもので、もし平安の三才女を現代《げんだい》に生き返らせたら、清少納言が他の二人を抜《ぬ》いて、テレビやラジオで大活躍《だいかつやく》をしていることは、間違《まちが》いありません。

（渡辺《わたなべ》　実《みのる》「日本古典のすすめ『枕草子』」）

＊得手不得手＝得意《とくい》と苦手。

問　「平安の三才女」のなかで、清少納言が他の二人よりもすぐれていたのは何ですか。次から選び、記号で答えなさい。

ア　対話の質の高さ　　イ　文章
ウ　家系　　エ　歌の才能

（　　）

ステップ 2

時間 25分
合かく点 70点
得点　点

勉強した日　月　日

1 次の文章を読んで、あとの問いに答えなさい。

「ある冬の日、早く切り上げようと思って、寮《りょう》の裏《うら》に洗《せん》濯《たく》の水を流した。水を草むらにぶちまけて、ハッと気がついたら、アリたちが大洪水《だいこうずい》の中で逃《に》げまどっている。自分にとって*健全《けんぜん》な、一所懸命《いっしょけんめい》な生き方をしたはずが、それがアリにとっては災害《さいがい》になっていると気づいた。

　そのときに自分の役割《やくわり》がわかった。自分には地球のくしゃみを止めることはできないし、人の命を救《すく》うこともなかなかむずかしいだろう。しかし、アリの災害を防《ふせ》ぐことはできる。自分は生涯《しょうがい》、アリを災害に遭《あ》わせないようにしよう。そうすれば、きっとアリに救われることもあるだろう。これがこの世に生きとし生けるものの生命の循環《じゅんかん》であって、①そういうことを学ぶことが私《わたし》の学問だと思った」

　そんな話でした。

　ぼくが海を見て暮《く》らしているときに、そこまでは見えてきません。やはりひとつの道を究《きわ》めた人のものの見方はすてきだ、とぼくは思ったのです。同じことをぼくは星の科学者さんの話にも感じたことがあります。

　その星の科学者さんとは、地球環境《かんきょう》のシンポジウムで数回お会いして、そのあとお茶を飲みながら話をしていました。

「じつは私はいま、星座《せいざ》を勉強しているのです」

「あれ、星の科学者さんといえば、星座のことなんか全部ご存《ぞん》じかと思ったら、これから勉強ですか」

「子どもの頃《ころ》は知っていましたが、学問に関係がないのですっかり忘《わす》れていました。私たちの学問では、数字を言うだけで、この宇宙《うちゅう》空間のどこに②その星があるか、立体のイメージとしていつでもわかるのです。③それは全部私の頭の中にあります。でもそうやって立体のイメージが情報《じょうほう》としてつかめるようになったために、星座がなくなりました。星座というのは平面です。それもふるさとの山の上から見た絵なのです。④それは私の学問とはまったく関係のないものでした。

　いまは科学者として宇宙空間をすべて数字で把握《はあく》していますが、宇宙空間の中で自分が迷子《まいご》になったように思えるのです。自分がどこにいるのだろうと思えてしまうのです。情報は全部知っているけれど、情報にならない自分はどこにいるのだろう。⑤そう思ったときに、「そうだ。ふるさとの山に帰って、山の上から見た絵としてのふるさとをもういっぺん知ることが、この宇宙で迷子にならないことだ」とようやくわかったので、いままた星座の勉強をしているのです」

⑥これもじつにいい話だと思いました。

（大林宣彦《おおばやしのぶひこ》「しまなみ海道」）

＊健全＝健康《けんこう》であること。正しい状態《じょうたい》であること。

(1) ——線①「そういうこと」とありますが、これが指すものを次から選《えら》び、記号で答えなさい。（15点）

ア 生命の循環
イ 一所懸命な生き方
ウ 地球のくしゃみを止めること
エ アリを災害に遭わせること

（　　）

(2) ——線②「その星」とありますが、どんな星ですか。次から選び、記号で答えなさい。（15点）

ア 星座をつくっている星
イ 子どもの頃に知っていた星
ウ 数字によって表されている星
エ ふるさとの山から見える星

（　　）

(3) ——線③「それ」とありますが、何を指していますか。次から選び、記号で答えなさい。（15点）

ア 宇宙空間のどこにどの星があるか
イ ふるさとの山の思い出
ウ 星座の名前
エ 星の学問

（　　）

(4) ——線④「それ」の指すものを二文字で書きなさい。（20点）

(5) ——線⑤「そう」は何を指していますか。次から選び、記号で答えなさい。（15点）

ア 自分はどこにいるのだろう
イ 情報は全部知っている
ウ 自分は情報にならない
エ 学問とはまったく関係がない

（　　）

(6) ——線⑥「これもじつにいい話」とありますが、どんな人についての話ですか。文章中から十字でぬき出して答えなさい。（20点）

についての話

4 接続語《せつぞくご》をおさえる

学習のねらい

文と文をつなぐ言葉を「接続語」といいます。接続語は、前の文と後の文の関係《かんけい》を表す働《はたら》きをするので、文章の流れを読み取るためには、接続語をおさえることが大切です。

勉強した日　月　日

ステップ1

1 次の文中の□にあてはまる接続語《せつぞくご》をそれぞれ答えなさい。

① 図書館へ行った。□、休館日だった。（　　）

② 今日は花火大会だ。□、たくさんの人が公園に集まっている。（　　）

③ きのうは楽しかったね。□、君のお兄さんは元気ですか。（　　）

④ 男の人が父と話をしている。あの人は父の弟、□、わたしのおじさんだ。（　　）

2 次の文中の□にあてはまる接続語をあとから選《えら》び、記号で答えなさい。

① 宿題が終わった。□、やることがあるので、遊びに行けない。（　　）

② 急に風がふいてきた。□、気温も下がってきたようだ。（　　）

③ 運動会が中止になった。□、雨が降《ふ》りそうだからだ。（　　）

④ いつも朝食に、トーストを食べる。□、今朝も、同じものを食べた。（　　）

ア だから　イ それとも　ウ しかし
エ そのうえ　オ なぜなら　カ すなわち

3 次の文章を読んで、あとの問いに答えなさい。

しかし、高度成長期《せいちょうき》はおふくろの味を食べていてはなかなか経済《けいざい》が成長しないというので、ファーストフードに変《か》わっていったのです。どこに行っても同じものがかんたんに手に入るということで、経済成長のなかで、おふくろの味も日本中からなくなっていきました。

いまの子どもたちに「おふくろの味って何」と聞くと、ファーストフードの紙袋《かみぶくろ》のにおいがついているようです。それこそがお袋《ふくろ》、それが包《つつ》んでいる中身の味が「おふくろの味」。冗談《じょうだん》でなく、ほんとうにそう信じているのだと新聞の記事になっていました。

かつては同じ尾道《おのみち》の味でも、山の手のぼくの家のおふくろの味と、下町の友達《ともだち》の家のおふくろの味とはまったくちがう味でした。［　　］いまは、日本中でおふくろの味もふるさとの風景《ふうけい》もそっくりになってしまった。個性《こせい》がなくなったということは、結局《けっきょく》おふくろの味がなくなっていったということです。

（大林宣彦《おおばやしのぶひこ》「ぼくの瀬《せ》戸《と》内海《ないかい》案内《あんない》」）

問　［　　］にあてはまる言葉を次から選び、記号で答えなさい。

ア　そのうえ　　イ　ところが
ウ　だから　　エ　むしろ

（　　）

4 次の文章を読んで、あとの問いに答えなさい。

最終的《さいしゅうてき》には音楽の生命であるニュアンス*の豊《ゆた》かさを表現《ひょうげん》したいのですが、そのためにはまず基本《きほん》を押《お》さえることが大切だというのが、秀雄《ひでお》の*一貫《いっかん》した方針《ほうしん》でした。音楽の生命に近づくためにこそ基本を重視《じゅうし》し、徹底《てってい》して訓練《くんれん》したのです。

［①］「子供《こども》のための音楽教室」でも、チェロを例《れい》にとると、単純《たんじゅん》な十カ条《じょう》ぐらいの奏法《そうほう》を徹底して練習することを促《うなが》しています。それは単純な訓練であると同時に厳《きび》しいものでした。［②］、幼《おさな》い頃《ころ》から耳を鍛《きた》える訓練をやらなければいけないというので、和音を聴《き》きとる練習も繰《く》り返し行いました。

（齋藤《さいとう》孝《たかし》「代表的日本人」）

＊ニュアンス＝わずかなちがい。微妙《びみょう》な意味。
＊一貫した＝一つのことが初《はじ》めから終わるまでとおっていること。

問　［①］・［②］にあてはまる言葉を次から選び、それぞれ記号で答えなさい。

ア　しかし　　イ　また　　ウ　だから　　エ　もし

①（　　）　②（　　）

ステップ2

勉強した日	月	日
時間 25分	合かく点 70点	得点　点

1 次の文章を読んで、あとの問いに答えなさい。

「表通りの坂で、何かおかしな飛《と》び方をするものがいて、あれ鳥じゃないなあ、蝙蝠《こうもり》かなあ」

　夜遅《おそ》く帰ってきた家の者が、話しかけるでもなく、一人ごとのようにつぶやいている。「この近所に蝙蝠がいるなんて聞いたことがない」というと「じゃ行ってみたら」とにやにやしている。こんな夜更《よふ》けに冗談《じょうだん》じゃないと寝《ね》てしまった。

　翌朝《よくあさ》、みんなに聞くと蝙蝠を見たことがないのは何と私《わたし》だけ、三対一の割合《わりあい》である。これはいけない。鳩《はと》や雀《すずめ》と同様、蝙蝠は身近な生き物だったのだ。①、ちょっと表通りまで行って見てこようと気軽に考えたのがとんでもない＊心得《こころえ》ちがいであった。

　相手は日暮《ひぐ》れ以後《いご》にしか出てこない。②立ち木や電線に止まってもいない。③見たこともないものは目の前を飛んでも気が付くかどうか、動物にけもの道があるように蝙蝠みちがあるだろうか、見たい思いと知らないことの心細さから落ち着きなく歩き回り、気が付くと空いっぱいの茜色《あかねいろ》は＊萎《な》えて、公園の木は一塊《ひとかたまり》の影《かげ》になり、道沿《みちぞ》いの標識灯《ひょうしきとう》は点々と光を放っている。日暮《ひぐ》れの坂道に立って呆然《ぼうぜん》たるものであった。

（青木《あおき》 玉《たま》「こうもり」）

＊心得ちがい＝思いちがい。
＊萎えて＝弱って。

(1) ①・②にあてはまる言葉を次から選《えら》び、記号で答えなさい。（20点）

ア ところで　イ しかも
ウ それなら　エ しかし

①（　　）②（　　）

(2) ③にあてはまる言葉を次から選び、記号で書きなさい。（15点）

ア 何しろ　イ むしろ
ウ したがって　エ それでは

（　　）

2 次の文章を読んで、あとの問いに答えなさい。

頭のモヤモヤを表現する

　頭の中では、じつにいろいろな思いや気持ちが①とわいてきています。②、そのうちはっきりと意識《いしき》できるのは、氷山の一角に過《す》ぎません。さらに、③。

ここが、何かを表現《ひょうげん》したときに、まだ十分には表現しきれていないという*不全感《ふぜんかん》の発信《はっしん》の源《みなもと》です。

意識できないこと、表現できないことは、記憶《きおく》の貯蔵《ちょぞう》庫《こ》の底《そこ》にしまいこまれて出番を待つことになります。そんなものがたまってくると、なんとなく頭の中が［④］してきます。わーっと叫《さけ》び出したい気持ちになります。これが、自分を表現したい欲求《よっきゅう》、［⑤］自己《じこ》表現欲求の爆発《ばくはつ》です。

自己表現欲求を、泣《な》いたりわめいたりして解消《かいしょう》するのは幼稚園児《ようちえんじ》段階《だんかい》までです。言葉を操《あやつ》れる年齢《ねんれい》になれば、きちんと言葉で表現することになります。これが、言葉による「自己表現」です。自己表現ですから、ここでは、その表現のしかたがどんなものであろうと、とやかく言うことがありません。表現することで、モヤモヤが解消され（表現の「*カタルシス機能《きのう》」）、［⑥］、自分の思いや気持ちが自分でわかれば（表現の「自己*洞察《どうさつ》機能」）、それで目的は果《は》たせたことになります。

（海保博之《かいほひろゆき》「学習力トレーニング」）

＊不全感＝不十分《ふじゅうぶん》な感じ。
＊カタルシス＝文学作品などで、感情《かんじょう》が一気に表れて、気持ちが落ち着くこと。
＊洞察＝物ごとを見ぬくこと。観察《かんさつ》すること。

(1) ［①］・［④］にあてはまる言葉を次からそれぞれ選び、記号で答えなさい。（20点）

ア　モヤモヤ　　イ　ふつふつ
ウ　くんくん　　エ　ふわふわ

①（　　）④（　　）

(2) ［②］・［⑤］・［⑥］にあてはまる言葉を次からそれぞれ選び、記号で答えなさい。（20点）

ア　すなわち　　イ　さらに
ウ　しかし　　エ　だから

②（　　）⑤（　　）⑥（　　）

(3) ［③］にあてはまる文を次から選び、記号で答えなさい。（25点）

ア　表現の多くは、それを受け取る人を想定したものになります。
イ　表現には、一定のルール、マナーがあります。
ウ　言葉で外に表現できるのは、そのまたごくごく一部です。
エ　表現するまでに、頭の中ではどんなことが起こっているのでしょうか。

（　　）

ステップ 3

❶ 次の文章を読んで、あとの問いに答えなさい。

ぼくがなぜ駒場《こまば》の学生寮《りょう》に頻繁《ひんぱん》に行っているかというと、中国語や韓国語《かんこくご》の①先生を探《さが》していたからです。ベトナムやインドネシアに行く前にもちょっとだけ、ベトナム語やインドネシア語を教えてもらいました。現地《げんち》の人と友だちになるためには、現地の言葉を少しは勉強すべきだと考えているからです。ちょっとでも現地の言葉ができると、相手の態度《たいど》は全然《ぜんぜん》違《ちが》うのです。現地の言葉を身につけることは「*至難《しなん》の業《わざ》」ではありません。

最近《さいきん》では、よい本もあります。以前《いぜん》は、最初《さいしょ》から発音や文法《ぶんぽう》を教える本が多かったような気がします。第一章第一課《か》、第二課……、などとずらっと並《なら》んでいました。

②最近の本は「使える*フレーズ」から始まって、たいてい二〇個《こ》から多くて三〇個くらいの基本《きほん》フレーズが載《の》っているのでそれを覚《おぼ》えればよいのです。二〇個くらいの例文《れいぶん》なら、十代、二十代の若者《わかもの》は、一週間がんばれば覚えられないわけはありません。③ほとんどの本にCDがついているので、いかに④その発音が難《むずか》しくても一週間で覚えられるはずです。

二〇〇〇年にモンゴルに行く前に、モンゴル語の『語学王』という本を買いました。全体としてはとくにすぐれているわけではないけれど、最初に「覚えるフレーズ」がありました。一番初《はじ》めは「ありがとう」。発音が難しくて、最初はいくら聴《き》いてもうまく聴き取れず、真似《まね》するどころじゃありません。しかし、一〇回、二〇回、三〇回聴いていると、ついにわかって自分でも真似することができるようになりました。そうやって、モンゴル語の基本中の基本は覚えて行きました。フィリピンに行くときにはタガログ語を、北キプロスに行ったときにはトルコ語を、同じようにして覚えていきました。

日本人には、「英語は国際《こくさい》語だから、英語ができればそれで万全だ」と思っている人がいますが、それは間違《まちが》いです。たしかにある程度《ていど》の教育を受けた人とは、どんな国でも英語で話ができます。でも、⑤。あなたが英語を勉強したのは、⑥モンゴル人のためでも、ウズベク人のためでも、ハンガリー人のためでもないのです。しかし、下手でもちょっとであっても、モンゴル語やウズベク語、ハンガリー語ができると、現地の人はあなたが努力《どりょく》したと感じてそれを評価《ひょうか》してくれます。その人の心への一種《いっしゅ》の入場券《けん》です。そのあとさらに、自分を出して、相手の人となりを見て、いろいろな触《ふ》れ合いを持った結果《けっか》、友だちになれるかもしれません。

（ピーター・フランクル「ピーター流わくわく旅行術《じゅつ》」）

＊至難の業＝実現《じつげん》がとても難しいこと。
＊フレーズ＝単語《たんご》の集まり。短い言葉。

(1) ——線①「先生を探していた」とありますが、筆者が先生を探して語学を教えてもらうのはなぜですか。四十字以内で答えなさい。なお、文末は「〜から。」で結ぶこと。（15点）

(2) ②・③・⑥にあてはまる接続語《せつぞくご》を次から選《えら》び、記号で答えなさい。（12点）
ア たとえば　イ しかも　ウ さて
エ そして　オ しかし　カ ところで
②（　）③（　）⑥（　）

(3) ——線④「その」が指しているものを答えなさい。（7点）
（　）

(4) ⑤にあてはまる文を次から選び、記号で答えなさい。（5点）
ア 話せば外国人だということはわかるはずです。
イ 自分にはアピールするものがないと思わないでください。
ウ それで親しみを感じてもらえるかというと話は別《べつ》です。
エ こちらが努力したことを、ちゃんと評価してくれたのです。
（　）

(5) この文章の題名として合うものを次から選び、記号で答えなさい。（5点）
ア 英語と日本語
イ おすすめの語学の本
ウ 言葉をたくさん知っておこう
エ 現地の言葉を勉強しよう
（　）

2 次の文章を読んで、あとの問いに答えなさい。

月が出ていた。その月光が、富士山《ふじさん》の雪に反射《はんしゃ》して①と光っていた。

休憩《きゅうけい》の時、僕《ぼく》が②と荒《あら》い呼吸《こきゅう》をしていたら、岩崎さんがやってきて僕の背負《せお》っていた*ザックを③と持って言った。

「こんな軽い荷物でバテるな。自分のペースで来い」

④必死《ひっし》になってみんなの後を追っていくように登った。

その年は雪が多く、六合目付近《ふきん》から地面は完全《かんぜん》に雪になった。普通《ふつう》だったら歩けないような凍《こお》った雪の上もアイゼンを付《つ》ければ歩けることに感動した。シュカブラ（強風が雪の上に描《えが》く波状《はじょう》の模様《もよう》）も、写真では見たことがあったが、実物を見るのは初《はじ》めてだった。

⑤この時は*登頂《とうちょう》はせず、八合目で雪上訓練《くんれん》を行った。斜面《しゃめん》をわざと滑《すべ》って、*ピッケルを打ち込《こ》んで自分の身体を止める訓練だ。下にはロープを張《は》り、前に滑り落ちた人が、次に滑る人の安全を順番《じゅんばん》に確保《かくほ》する。慣《な》れないトレーニングで僕は途中《とちゅう》でバテた。座《すわ》り込んでいると、岩崎さんが僕の所にやって来て言った。

「高校生だからって山では甘《あま》えはきかないぞ。山は自分で登ったら、自分の足で下りてこなければいけないし、自分で転んで滑ったら、自分で止まらなければいけない。高校生だから、若《わか》いからみんなが助けてくれる、という考え方はここで捨《す》てろ」

⑥これは効《き》いた。確《たし》かに僕には、周《まわ》りはみんな大人だし、疲《つか》れたから何とかしてくれよ、というような⑦の気持ちがあったかもしれない。学校の教師《きょうし》に勉強しろ、と言われるのも、それはそれで確かに自分のために言ってくれるのかもしれないが、すぐに自分に役立つという感じがない。⑧、山では*滑落《かつらく》したり、歩けなくなったりしたら、これは自分の命に直接関《ちょくせつかか》わることなのだ。

山の世界では、こういう言葉はかなりきつい調子で言われるが、それが逆《ぎゃく》にありがたく感じられるから不思議《ふしぎ》だ。

訓練はきつかったけれど、⑨があった。自分でやろうと決心したことを初めてやりとげた、気持ちの中のモヤモヤが⑩と晴れた感じだ。

（野口《のぐち》 健《けん》「落ちこぼれてエベレスト」）

*ザック＝リュックサック。
*登頂＝山の頂上《ちょうじょう》に登ること。
*ピッケル＝雪山などに登るときに使う登山用具。身体を支《ささ》えたり、滑るのをふせぐのに使う。
*滑落＝山や岩場、がけを滑り落ちること。

(1) ①・②・③・⑩にあてはまる言葉を、次からそれぞれ選《えら》び、記号で答えなさい。(8点)

ア スカーッ　イ ひょい

ウ ギラギラ　エ ハーハー

①(　)②(　)③(　)⑩(　)

(2) ④・⑧にあてはまる接続語《せつぞくご》を、次からそれぞれ選び、記号で答えなさい。(8点)

ア だが　イ すなわち

ウ さらに　エ それから

④(　)⑧(　)

(3) ――線⑤「この時は登頂はせず」とありますが、登頂しなかったのはなぜですか。次から選び、記号で答えなさい。(10点)

ア 天気が悪くて、登頂するには危険《きけん》だったから。

イ 登頂ではなく雪上訓練のための登山だったから。

ウ 登頂する体力がもたないメンバーがいたから。

エ 登頂に必要《ひつよう》な装備品《そうびひん》が不足《ふそく》していたから。

(　)

(4) ――線⑥「これは効いた」について、次の各問いに答えなさい。

A 何が「効いた」のですか。文中から、二十字以内で書きぬきなさい。(10点)

B なぜそのことが「効いた」のですか。そのわけを答えなさい。(10点)

(　)

(5) ⑦にあてはまる言葉を文中から探して二字で答えなさい。(5点)

(6) ⑨にあてはまる言葉を次から選び、記号で答えなさい。(5点)

ア 不快感《ふかいかん》　イ 絶望感《ぜつぼうかん》　ウ 脱力感《だつりょくかん》　エ 爽快感《そうかいかん》

(　)

5 場面をつかむ

学習のねらい

物語を読むときは、どのような場面が書かれているのかをおさえる必要《ひつよう》があります。「いつ」「どこで」「だれが」「何を」「なぜ」「どのように」したのかに注目します。

勉強した日　月　日

ステップ1

1 次の文章を読んで、あとの問いに答えなさい。

「雪がふりそうよ」とお母さんはいった。

「ストーブつけてんの？　気をつけてよ。スカートやなにかに燃《も》えうつったら、月子一人じゃ、どうすることもできないでしょう。火事にでもなったらたいへんだから。ストーブのまわりに紙きれやなんかをおいてないでしょうね。できればこたつに入ってて」

「だいじょうぶ」

わたしは、へやのまん中で赤々と燃えているストーブを見た。

（岩瀬成子《いわせじょうこ》「イタチ帽子《ぼうし》」）

問　会話しているのはだれですか。次から選《えら》び、記号で答えなさい。

ア　同じ部屋にいる、お母さんと月子。
イ　いっしょに外出したお母さんと月子。
ウ　留守番中の月子と、外から電話してきたお母さん。
エ　外出中の月子と、電話で話すお母さん

（　　）

2 次の文章を読んで、あとの問いに答えなさい。

この町には耳たぶに穴《あな》を開けて、金属《きんぞく》のかけらをぶらさげている女たちがたくさんいる。彼女《かのじょ》らは、そのためにわざわざ耳たぶに穴を開けてもらうのだ。この町に着いたときから、わたしは耳にぶらさがった金属のかけらにはどういう意味があるのか、誰《だれ》かに尋《たず》ねてみたいと思っていた。わたしの持っている旅行案内《あんない》には、ヨーロッパでは、よく知らない人にその人の身体や宗教《しゅうきょう》に直《ちょく》接関《せっかか》わることを尋《たず》ねてはいけないと書いてある。三日月や弓や錨《いかり》の形をした金属のかけらが耳たぶにぶら下がっているのを見ていると、もしかしたらそれは魔除《まよ》けなのかもしれないと思うこともあった。

（多和田葉子《たわだようこ》「魔除け」）

問　――線「この町」はどこにありますか。次から選び、記号で答えなさい。

ア　誰も知らない国の町
イ　作者の生まれた町

ウ　ヨーロッパのとある町　　エ　ヨーロッパ風の町

（　　）

3 **次の文章を読んで、あとの問いに答えなさい。**

「あたしたち、風が吹《ふ》いたら、草のかげでじっとしてるしかないわ。トガリ山がねむって、風がやむまでね」

ルリシジミは、羽をゆっくり動かしながら、わしを見ていった。

「ぼくは、すこしぐらいの風ならへいきだよ」

わしがいうと、ルリシジミは、羽をとめて、

「あなたってつよいのね」

といって、トガリ山に目をうつした。

「そうだわ。あなた、トガリ山にのぼるのなら、風がうまれるところを見てきてちょうだい。風って、どんなふうにうまれるのかしら。風がうまれるって、ふしぎね」

（いわむら　かずお「トガリ山のぼうけん」）

問　だれとだれが、何について話している場面ですか。（　）に言葉を書きなさい。

わしと（　　　　）が、トガリ山の

（　　　　）が（　　　　）について話している。

4 **次の文章を読んで、あとの問いに答えなさい。**

ベビーベッドのそばには、きのうの晩《ばん》から、おばあちゃんが寝《ね》ています。おばあちゃんはそれまで、リビングにふとんをしいて寝ていました。

けんが泣《な》きだすと、おばあちゃんはけんを抱《だ》っこして、お母さんの寝ているへやに入っていきます。お母さんは起き上がって、けんにお乳《ちち》をのませます。

けんはよく泣きます。

けんの泣く声が聞こえてくると、自分のへやにいても、わたしは気もちの底《そこ》のほうがぐるぐるしてきます。

なんだか自分がしかられているような気がしてきます。

（岩瀬成子《いわせじょうこ》「あたらしい子がきて」）

問　この文章からわかることを、次から選び、記号で答えなさい。

ア「お母さん」は、仕事でいそがしい。

イ「けん」は「わたし」の兄である。

ウ「お母さん」は今、「けん」と別のへやで寝ている。

エ「けん」が泣くと「わたし」があやしてあげる。

（　　）

ステップ2

勉強した日　月　日

時間 25分　合かく点 70点　得点　点

1 次の文章は、「わたし」が製薬《せいやく》会社開発課《かいはつか》に勤《つと》める「吉田《よしだ》」のもとをおとずれる場面です。これを読んで、あとの問いに答えなさい。

「……そうしますと、スプレー式にするんですな。薬をかけられた蚊《か》は人の血を吸《す》うことを忘《わす》れて餓《が》死《し》、蝿《はえ》の方は刺《さ》されて――」

わたしは、彼《かれ》が《そんな馬鹿《ばか》な》といってくれるのを、心待ちにした。しかし、こうまで素直《すなお》に聞かれると落ち着いてはいられない。

わたしは、亀《かめ》の子――といっても生き物ではなく、化学の授業《じゅぎょう》で黒板に書かれるあの六角形が好《す》きで理系《りけい》を選《えら》んだ。卒業《そつぎょう》して、＊畑違《はたけちが》いの会社に勤《つと》めてからも、趣味《しゅみ》といえば庭いじりならぬ薬いじり、いささか危《あぶ》ないイメージながら、日曜大工ならぬ＊日曜科学者であった。

かつての同級生とはいえ、そんなうさん臭《くさ》い素人《しろうと》研究者が訪《たず》ねて来て、しかも売り込《こ》むのが我《われ》ながらまともではない薬である。

それをここまで抵抗《ていこう》なく聞かれると、何だ、いい加減《かげん》にあしらわれているのか、相手にもされていないのか、とひがみたくなる。

吉田は、重厚《じゅうこう》なマーブル模様《もよう》のテーブルに並《なら》んだ説《せつ》明書《めいしょ》を、太い指で器用《きよう》にまとめ、とんとんと揃《そろ》えた。硬《かた》いワイシャツの袖《そで》が、目に痛《いた》いほど白い。

「はい。では確認《かくにん》の試験《しけん》、重ねての実験《じっけん》研究等はこちらで――」

体《てい》よく追い払《はら》われるのか。わたしは、たまりかねていった。

「ちょっと」

「は？」

「そう簡単《かんたん》に取り上げて下さるとは、まったく――」

皮肉のつもりだった。しかし吉田は、手でわたしを制《せい》した。

「いや」そして、「何も、縁故《えんこ》や何かとかんぐらんで下さい。今はどこも新製品《しんせいひん》の開発には目の色を変えています。この商品は独創的《どくそうてき》です。聞いたこともない」

左の手はしっかりと書類《しょるい》をつかんでいる。

「はあ、それは確《たし》かでしょう。でも、それだけに――こんな薬、聞いておかしいんじゃないかと――」

吉田は妙《みょう》な顔をして、わたしを見た。

「蚊が蝿を刺すようになる薬でしょ？」

「はい」

「鯨《くじら》を刺すんじゃないんでしょ？」

「え？　は、はあ」

「だったら――」

彼は、眉《まゆ》を寄《よ》せ、大きな頭を掻《か》いた。

「別《べつ》に――。どこか、変ですか。え、あなた？」

（北村《きたむら》　薫《かおる》「かとりせんこうはなび」）

＊畑違い＝専門《せんもん》ではない分野のこと。
＊うさん臭い＝あやしいこと。

(1) 吉田と「わたし」の関係《かんけい》はどのようなものですか。次から選び、記号で答えなさい。(20点)
ア 親友　イ 仕事上の知り合い
ウ かつての同級生　エ おさななじみ
（　　）

(2) 「わたし」の職業《しょくぎょう》はなんですか。次から選び、記号で答えなさい。(20点)
ア 教師《きょうし》　イ 国の研究所の研究員
ウ 医師　エ 会社員
（　　）

(3) 「わたし」はなぜ、吉田に会いに来たのですか。次から選び、記号で答えなさい。(20点)
ア 作った薬を売り込むため。
イ 吉田を思い出し、会いたくなったため。
ウ たまたま吉田の会社の近くに立ちよったため。
エ 吉田の会社で作っている薬を買うため。
（　　）

(4) ――線「こんな薬」とは、どういう薬ですか。次から選び、記号で答えなさい。(20点)
ア 蝿が人を刺すようになる薬。
イ 蚊が蝿を刺すようになる薬。
ウ 蚊が鯨を刺すようになる薬。
エ 蝿が蚊を刺すようになる薬。
（　　）

(5) ――線「こんな薬」は、結局《けっきょく》、どうなったと考えられますか。次から選び、記号で答えなさい。(20点)
ア 吉田に断《ことわ》られて、ほかの会社で商品化された。
イ だれも真に受けず、商品化されなかった。
ウ 吉田の会社で商品化された。
エ 「わたし」が自分で商品化した。
（　　）

6 あらすじをとらえる

学習のねらい

小説《しょうせつ》や映画《えいが》などの大体の筋《すじ》の流れが「あらすじ」です。物語を読むときには、どんな出来事がどういう順《じゅん》に起き、その結果《けっか》、どうなったのかをとらえる必要《ひつよう》があります。

勉強した日　月　日

ステップ1

1 次の文章を読んで、あとの問いに答えなさい。

「あのふみきりで、夜中に警報器《けいほうき》がなって、遮断機《しゃだんき》がおりることってありますか？」

運転手は、バックミラーでわたしをちらっとみて、

「ああ、あのじいさまをみましたか」

という。

「えっ？　いいえ、遮断機がおりたのに、電車はとおらなくて、だからふしぎで……」

「ああ、いや、ふしぎなことがたまーにあるらしいですよ。それがねぇ」

と、運転手ははなしてくれた。

（望月正子《もちづきまさこ》「真夜中のふみきり番」）

問　この文章から読み取れる出来事を、起こった順《じゅん》に記号で答えなさい。

ア　「わたし」がタクシーに乗る。
イ　夜中のふみきりで遮断機がおりる。
ウ　「わたし」が運転手にふみきりの話を聞く。
エ　ふみきりについて「わたし」がふしぎに思う。

（　　）→（　　）→（　　）→（　　）

2 次の文章を読んで、あとの問いに答えなさい。

あれは夏だったか秋だったか、全然覚えていないんだけれども、二年生のある朝、サトは電車に乗ってこなかった。私《わたし》もしばらく、サトが乗る駅を過《す》ぎたことに気《き》付《づ》かないでいた。次の、ウチの生徒がどっと増《ふ》える駅に着いた時に初《はじ》めて、膝《ひざ》の上に広げた参考書《さんこうしょ》から顔を上げた。人の視線《しせん》を感じたのだ。知らない男子と目が合って、慌《あわ》てて顔を伏《ふ》せた。

（豊島《としま》ミホ「タンポポのわたげみたいだね」）

問　この文章に出てくる駅を、順に記号で答えなさい。

ア　サトの乗る駅
イ　私が乗る駅
ウ　私と同じ学校の生徒がたくさん乗る駅

（　　）→（　　）→（　　）→学校のある駅

3 次の文章を読んで、あとの問いに答えなさい。

柏原家《かしわばらけ》を見ていると、いかに愛情《あいじょう》が大事なのかがわかる。そこに*血統《けっとう》はまるきり*介在《かいざい》しない。ゼロから環境《かんきょう》を整え、*惜《お》しみない愛情を与《あた》え、熱心《ねっしん》に養育《よういく》し、菜月《なつき》ちゃんと隆一《りゅういち》くんの意識《いしき》を高めたのは柏原夫妻《ふさい》に他ならない。

隆一くんとはじめて会ったときのことを、統子《とうこ》はよく覚《おぼ》えている。あごを引いて目玉だけを持ち上げて、統子たちをじいっとにらんでいた。一歩近づけば一歩*後退《こうたい》し、薄汚《うすよご》れたポーチを絶対《ぜったい》に離《はな》さなかった。あとから母に聞いたところ、そのなかには全財産《ぜんざいさん》の三百円が入っていたそうだ。

（椰月美智子《やづきみちこ》「かっこうの親もずの子ども」）

＊血統＝血のつながり。　＊介在＝そこにあること・もの。
＊惜しみない＝十分に表れた。
＊後退＝後ろへ下がること。

問　起こったことを次から三つ選《えら》び、起こった順に記号で答えなさい。

ア　統子がはじめて隆一くんと会う。
イ　隆一くんが柏原家に生まれる。
ウ　統子が母から隆一くんのことを聞く。
エ　隆一くんが柏原家にひきとられる。
オ　統子と隆一くんがいっしょに遊ぶ。

（　　）→（　　）→（　　）

---

4 次の文章を読んで、あとの問いに答えなさい。

ばしん！

またいやな音がすぐうしろでした。麻子《あさこ》は悲鳴をあげた。おじいちゃん、たすけて！　ワニを消して！　思わずおじいちゃんを呼《よ》んでいた。

おじいちゃんはすぐにきてくれた。夢《ゆめ》の中にはいりこんできて、ぱちんと指を鳴らした。麻子のうしろでワニの気配が消えた。ふりむくと、ワニのかわりにフラミンゴが立っていた。数字の4のかたちにあしを曲げて立ってこちらをながめていた。おじいちゃんってたいしたもんだ――麻子は安心のためいきをついて――目をさました。おじいちゃんの笑顔《えがお》がすぐ目の前にあった。

（今江祥智《いまえよしとも》「枯葉《かれは》」）

問　文章から読み取れる出来事を、起こった順に記号で答えなさい。

ア　麻子がワニに追われる夢を見る。
イ　麻子が目をさます。
ウ　麻子がおじいちゃんを呼ぶ。

（　　）→（　　）→（　　）

ステップ2

勉強した日	月	日

時間	合かく点	得点
25分	70点	点

1 次の文章を読んで、あとの問いに答えなさい。

ああ、あの事故《じこ》のことかと、私《わたし》は思いだしていた。大きな事故だったから、地元の新聞が書きたてて、ちょっとしたうわさ話になったほどだった。しかしまさか、塾《じゅく》生《せい》のこの子がその現場《げんば》に、いあわせたとは夢《ゆめ》にも思いはしなかったが。

「夏祭りに来たとに、なして、こげなこつになるとですか」と祐一《ゆういち》は静《しず》かに私にたずねた。「あげなよか人たちが、なしてこげな目にあうとですか。神さまはおらんとですか」と。

私にもわからない。大人の私でさえ、地震《じしん》や事故で亡《な》くなる人のことは、いつもテレビや新聞をとおしてしか知らなかった。どこか遠い、よそでおきることだと思っていた。自分と自分の家族には関係《かんけい》ないこと、とたかをくくっているふしがある。神がもしいるのなら、ほんとに、どうしてこんなことをするのか。天国へもちあげといて、まっさかさまに地獄《じごく》に突《つ》き落とすようなひどいことを……。

①「体がガタガタふるえたです」

ドカンとものすごい音がして、トレーラー車にのしかかられてつぶされている車を見たとき、[②]がほんとにガチガチ音をたてて、体がふるえあがったそうだ。母親のすさまじい悲鳴《ひめい》、父親の絶叫《ぜっきょう》。それでも、祐一は動くことができずに、かろうじて、横にいる誠《まこと》を見た。誠はとび出てしまいそうなほどカッと[③]をあけて、祐一以上《いじょう》にはげしくふるえていた……。

けっきょく、この事故で、誠の両親と妹(三年生)が亡くなった。一人になった誠は激《はげ》しいショックのために、笑顔《えがお》どころか、口もきけなくなってしまった。いや、一度だけ祐一にこうつぶやいたそうである。いっしょに死にたかった、と。

「ばってん」と祐一はいった。

「死んだらひげん(死んではいけない)と思います。マコしゃんだけでん(だけでも)、助かってよかった、ち(と)思います」

そのとおりだと私も思う。生き残《のこ》った者は死んでいった者の分までも、生き延《の》びる義務《ぎむ》があるのではないか。自分だけ助かったという重荷にたえながら、つらくても、今からここから、生きていくのが人間というものではないのか。と、*傍観者《ぼうかんしゃ》はかってなことをいえるが、当の誠が受けた心の傷《きず》は、いったいどれほどのものであったろう。人はよく、その痛《いた》みをわかってあげたり、共有《きょうゆう》したりできるのだろうか。祐一の両親は、そのショックのために、父親は仕事が手につかなくなるし、母親は泣《な》き疲《つか》れてねこんでしまったそうである……。

誠は、名古屋《なごや》に住むおばさんに、ひきとられていった。そこでどんな生活を送っているのかは、わからない。ただ、九月になって、誠の席《せき》がぽつんとあいているのを見て、祐一は決心したのだそうな。（マコしゃんが元気になるまで、毎週必《かなら》ず、葉書《はがき》は出そう）、と。（読まれんでよか、破《やぶ》り捨《す》てられてんよか、返事が来んでんよか、おりはマコしゃんを忘《わす》れちょらんよ、ち、いうためにとにかく出そう）、と。

（飯田栄彦《いいだよしひこ》「葉書」）

＊傍観者＝そばで見ているだけの人。

(1) ——線①「体が……」とありますが、いつのことですか。次から選《えら》び、記号で答えなさい。（20点）

ア　誠と「私」が話しているとき。
イ　誠が事故にあったとき。
ウ　「私」が事故のことを思いだしているとき。
エ　祐一が目の前で事故を見たとき。

（　　）

(2) ②・③にあてはまる言葉を次からそれぞれ選び、記号で答えなさい。（20点）

ア　口　　イ　歯
ウ　目　　エ　耳

②（　　）③（　　）

(3) 文章から読み取れる、起こった出来事を次から四つ選び、記号で答えなさい。（40点）

ア　誠の家族が事故にあう。
イ　祐一が口をきけなくなる。
ウ　「私」が事故の現場にいあわせる。
エ　誠が名古屋にひきとられる。
オ　祐一と「私」が話をする。
カ　誠の父親が仕事が手につかなくなる。
キ　祐一が誠に葉書を出そうと決める。

（　・　・　・　）

(4) (3)で選んだ四つの出来事を、起こった順《じゅん》に記号で答えなさい。（20点）

（　　）→（　　）→（　　）→（　　）

7 心情《しんじょう》を読み取る

学習のねらい

物語の登場人物は、出来事の中でいろいろなことを考えたり感じたりします。そうした心の動き（心情）を読み取り、どう変わっていくのかをとらえることが大切です。

勉強した日　月　日

ステップ1

1 次の文章を読んで、あとの問いに答えなさい。

猫《ねこ》は身震《みぶる》いをした。「ああ」と三歩ほど歩いてうめき声をあげた。どこかに、と猫はいつものように思おうとした。どこかにきっとあるはずの、そここそ我《わ》が家と呼《よ》べるようなあったかい家。その家のことをこれまで何度も思い返してきた。その家のことを思えば、気持ちはいつもいくらかあったまった。だが今夜ばかりは、どうにもだめだった。そんなもの、どこにもあるはずがない、と黒い雲が頭の中に広がった。

（岩瀬成子《いわせじょうこ》「カルシウム」）

問　――線から読み取れる、「猫」の心情《しんじょう》としてあてはまるものを、次から選《えら》び、記号で答えなさい。

ア　我が家に帰ろう。
イ　あったかい家に行こう。
ウ　我が家をさがすために、つらい旅をしよう。
エ　あったかい我が家など、あるはずがない。

（　　）

2 次の文章を読んで、あとの問いに答えなさい。

――一ぴきだけのこして、もらっていただきましょ。
と、飼主《かいぬし》の奥《おく》さんがいった。
――いつものことで、モモタロウとカグヤには、気のどくやけど……。
娘《むすめ》の八重《やえ》さんがことばをつまらせながら、そういうのがモモタロウ＝とうさんに聞こえた。
（あんなこといってながら、けっきょくはのこした一ぴきもだれかにやっちまうのに……）
とうさんは不安《ふあん》と不満《ふまん》で、うぐぐ…とうなり声を上げた。

（今江祥智《いまえよしとも》「紙のお月さま」）

問　――線「うぐぐ…とうなり声を上げた」とありますが、このときの心情を、次から選び、記号で答えなさい。

ア　人間の言葉がわからず、不満に思う気持ち。
イ　わが子が連れていかれそうで不安な気持ち。
ウ　「かあさん」が気の毒《どく》だと思う気持ち。
エ　一ぴきだけのこされるのがだれか、気になる気持ち。

（　　）

3 次の文章を読んで、あとの問いに答えなさい。

「ねえパパ、もうショーセツなんか書くのやめたら？」
だしぬけにまた息子《むすこ》が話しかける。
私《わたし》は思わずぎくりとした。息子が言うのは、この辺《へん》でそろそろ外へ散歩《さんぽ》に行こうという含《ふく》みなのだが、私はとっさには別《べつ》の意味に取ったのだ。そうでなくても私は、幼《おさな》い息子の口からショーセツという言葉がとび出してくるたびに肝《きも》を冷《ひ》やすような思いがする。何か人には言えない悪いことでもしているみたいだ。いっそ私はおもてに看板《かんばん》でも掲《かか》げるべきだろうか――『何でも小説《しょうせつ》にお仕立てします』とでも。ミシンの＊内職《ないしょく》の婦人《ふじん》が『古い洋服裏返《うらがえ》します』とか『ズボンの巾《はば》細くします』とかつつましやかに書き出すように。

（阿部《あべ》 昭《あきら》「猫《ねこ》」）

＊内職＝家でする仕事。

問 ――線「肝を冷やすような思い」とは、どのような思いですか。次から選び、記号で答えなさい。

ア 息子が危険《きけん》なことをしないかと、心配する思い。
イ 自分の悪事を知られそうだと恐《おそ》れる思い。
ウ 考えていた計画を息子に見すかされ、驚《おどろ》く思い。
エ ふれられたくないことをふれられ、あせる気持ち。

（　　）

---

4 次の文章を読んで、あとの問いに答えなさい。

「到頭此《とうとうこ》の梅《うめ》の木は駄目《だめ》らしいな」
通りすがりの誰《だれ》も先《ま》ず同じ意味の溜息《ためいき》を与《あた》えながら＊いぶかしそうに見上げては立ち去《さ》った。
主《あるじ》もやはり同じ＊心持《こころもち》で見上げた。いつも三月には＊綻《ほころ》びる蕾《つぼみ》の数をしらべなくては落ち着けなかった。

（阿波野青畝《あわのせいほ》「迎春之記《げいしゅんのき》」）

＊いぶかしそうに＝うたがうような表情《ひょうじょう》で。
＊心持＝気持ち。
＊綻びる＝少しだけ開く。

(1) ――線とありますが、「主」はだれと同じ気持ちだったのですか。「〜と同じ気持ち。」に続《つづ》くように、文章中から八字で書きぬいて答えなさい。

□□□□□□□□と同じ気持ち。

(2) ――線の「主」の心情《しんじょう》を、次から選び、記号で答えなさい。

ア 梅の木に親しみを覚《おぼ》える気持ち。
イ 梅の木が枯《か》れるのではないかと心配する気持ち。
ウ 梅の木を邪魔《じゃま》だと思う気持ち。
エ 蕾の数が気になってしかたがない気持ち。

（　　）

ステップ2

勉強した日	月	日

時間	合かく点	得点
25分	70点	点

1 次の文章を読んで、あとの問いに答えなさい。

ユリノキのむこうに、その古い教会は、おだやかな老人のようにたっていた。三人は、おもたそうな木のドアのまえにちかづいていった。

匠《たくみ》は、ふっと息をはくと、ドアに手をかけた。カチャリと手ごたえがあった。

「あく。かぎはかかっていないみたい」

「とにかく、なかにはいってみようぜ」

哲也《てつや》のことばに匠と純《じゅん》ぺいはうなずいて、とびらをおした。ギギィ――、にぶい音をたててゆっくりとドアがひらきはじめる。うす暗い教会のなかに、ゆっくりとその光がしのびこむ。

「……だれかいますか？」

へんじはない。ねこのように、そっとあたりをうかがいながらなかにはいる。背《せ》なかのほうで、ギギィー、ガシャと、ひとりでにとびらがしまった。三人はびっくりして、ふりかえった。

「風でしまったんだよな」

哲也はへらへらとわらったが、①ほっぺたがこわばっていた。

「見て！」

純ぺいが祭壇《さいだん》の右がわを指さす。そこにはそとの日の光をすいこんだステンドグラスが、うつくしい絵をうきださせていた。

「マリアさまが、あかちゃんのキリストをだいている」

「②そっくりだよ！」

匠はそうさけんだ。三人は祭壇にかけよった。

匠は心をおちつかせて、もういちどゆっくりとゆめを思いだしてみる。そして、注意ぶかく教会のなかを見た。

「そうだ、ここだよ。ほんとうにあったんだ」

匠は、うろうろ歩きまわっているうちに、自分が見たゆめとおんなじことをしていることに気がついた。

「ゆめでは、地下室があったんだけど……」

「匠、壁《かべ》ばっかりで、どこにも地下室の入り口なんてないぜ」

歩きまわっても、それらしいものはない。でも、匠にはわかった。キリスト像《ぞう》のある祭壇のうらがわにまわると、ひとがとおれるほどのすきまを見つけた。

「ここだ。ゆめとおんなじだ……」

ちょうど祭壇のうらにあたる壁に、小さな十字架《じゅうじか》のマークがあるのを見て、③匠のからだはふるえた。十字架に手をあてて壁をおすと、その力でドアはひらいた。暗いあなのように地下につづく階段《かいだん》が見えた。

「どうして、こんなこと知ってるの？　それもゆめで見たの？」

匠はうなずいた。

④「おい、こんなとこ、あけちゃっていいのかな？」

哲也はちょっとおろおろしていった。

⑤「やっぱり匠の見たゆめ、ほんとうのことだったんだね」

純ぺいは、なにか見えない糸に、匠がぐいぐいひきよせられているような気がして、不安《ふあん》になった。

（千世《ちせ》まゆ子《こ》「6月6日のゴースト」）

(1) ――線①「ほっぺたがこわばっていた」とありますが、ここから読み取れる、哲也の心情《しんじょう》を、次から選《えら》び、記号で答えなさい。（20点）

ア ドアが風でしまったとわかり、安心している。
イ 重いドアをしめずにすんだので、よろこんでいる。
ウ ドアがしまって暗くなったので、心配している。
エ ドアがひとりでにしまったので、こわがっている。

（　　）

(2) ――線②「そっくりだよ！」とありますが、何が何と「そっくり」なのですか。文末《ぶんまつ》が「～とそっくり。」となるように答えなさい。（20点）

（　　　　）が（　　　　）とそっくり。

(3) ――線③「匠のからだはふるえた」から読み取れる匠の心情を、次から選び、記号で答えなさい。（20点）

ア ゆめで見たマークがあって、ぞっとしている。
イ マークに見覚《みおぼ》えがあって、ふしぎがっている。
ウ マークをどうしたらよいかわからず困《こま》っている。
エ マークの意味がわかって緊張《きんちょう》している。

（　　）

(4) ――線④「おい、こんなとこ、……」と――線⑤「やっぱり匠の見たゆめ、……」と言ったときの、哲也と純ぺいの心情を、次からそれぞれ選び、記号で答えなさい。（40点）

ア どうしてよいかわからない。
イ 気がかりになっている。
ウ ほっとしている。
エ くやしい気持ちになっている。
オ わらい出したくてたまらない。

④（　　）　⑤（　　）

8 心情《しんじょう》の移《うつ》り変《か》わりをつかむ

学習のねらい
物語の中で、登場人物の心情は変化《へんか》します。何をきっかけに、どのような心情がどういう変化をしたのかをつかむことが、物語を読み取るときには大切です。

勉強した日　月　日

ステップ1

1 次の文章を読んで、あとの問いに答えなさい。

犬のマルは、サーカスで綱《つな》わたりをしている最中《さいちゅう》に、足をふみはずし、前足で綱にしがみついています。

マルは、けんめいにがんばりました。なん度も、なん度も、足をかけようとして、身もだえしましたが、どうしてもあと足が、かからないのです。ハアハアと、あえぎました。そのうちに、目の前が、くらくらくなってきました。

もうだめだ——と思いました。そのとき、またも、「マルっ、がんばれ」という一郎《いちろう》の声が聞こえました。その声を聞いて、マルは□。

「くそっ、負けるもんかっ。」

（戸川幸夫《とがわゆきお》「のら犬物語」）

問　□にあてはまる言葉を、次から一つ選《えら》び、記号で答えなさい。

ア たのしくなってきました
イ あきらめようと思いました
ウ 勇気《ゆうき》がわいてきました

（　　）

2 次の文章を読んで、あとの問いに答えなさい。

わたり切らないうちに、信号が赤に変《か》わりました。車がクラクションを鳴らします。急いで急いで。カヤも心でおうえんしました。

やっと無事わたり切りました。おばあさんが頭をさげているのは、おれいを言っているからでしょう。おばあさんがルミに話しかけ、二人は立ち話を始めました。ふと、さびしくなりました。ルミをおばあさんにとられてしまったようで……。

「ルミ、早く！」

ルミが、「わかった」というように、かた手を上げました。信号が、青から赤、また青に変わりました。ルミはまだ話しています。早くしないと、ストレッチする時間がなくなるというのに……。

おそい！　カヤは歩道を行ったり来たり、せかせかと歩きまわりました。

（安江生代《やすえいくよ》「花曜日」）

問　次のカヤの心情《しんじょう》を、順番《じゅんばん》に記号で答えなさい。

ア　ルミをおばあさんにとられたようでさびしい心情。

イ　信号をわたるおばあさんをおうえんする心情。

ウ　ルミが帰って来ないので、時間がないとあせる心情。

（　→　→　）

3　次の文章を読んで、あとの問いに答えなさい。

雑然《ざつぜん》とした台所をゆっくり見まわす。汚《よご》れた食器、壁《かべ》のカレンダー、立ったままポテトチップスを食べている娘《むすめ》、そして、どっしりと立派《りっぱ》な、つやつや光ったチェリーパイ。

家事は何一つ満足《まんぞく》にできないくせに、毎日お菓子《かし》をつくるだなんて、そんな風《ふう》にむきになるなんて、まったくあいつらしい。本でも読んだのかもしれない。ハンドメイドのお菓子が子供《こども》におよぼす好影響《こうえいきょう》について。僕《ぼく》は静枝《しずえ》が台所に立って悪戦苦闘《あくせんくとう》している姿《すがた》を想像《そうぞう》した。痛々《いたいた》しくて滑稽《こっけい》で哀《かな》しくて、僕は百年ぶりくらいに、静枝をいとおしいと思った。許《ゆる》そうと思った。

（江國香織《えくにかおり》「さくらんぼパイ」）

問　「僕」の心情の変化《へんか》について、あてはまるものを次から一つ選び、記号で答えなさい。

ア　泣《な》きたい気持ちが、笑《わら》いたい気持ちになった。

イ　許せない気持ちが、いとおしい気持ちになった。

ウ　つらい気持ちが、うれしい気持ちになった。

（　）

4　次の文章を読んで、あとの問いに答えなさい。

心ぼそさが、また波のようにおしよせてきた。

アミはあわてて、*たのしみ薬のマンガを読みはじめた。持ってきたピーナツチョコを食べて、のりまきおかきも食べて、かんジュースも飲んで、マンガを七回読みおわったとき、やっとH《エイチ》駅に着いた。

（田辺《たなべ》みゆき「ふたりはチビ山同盟《どうめい》」）

*たのしみ薬＝はじめて一人旅をするアミが持ってきた、何度読んでもおもしろくて夢中《むちゅう》になれるマンガ。

問　この文章からわかるアミの心情の変化について、あてはまるものを次から選び、記号で答えなさい。

ア　はじめは心ぼそかったが、たのしみ薬のおかげで元気が出た。

イ　心ぼそくてたのしみ薬を読んで楽しくなるが、読み終わるとまた心ぼそくなることをくり返した。

ウ　はじめは楽しい気分だったが、やがて心ぼそくなってきた。

（　）

ステップ2

時間 25分　合かく点 70点　得点 点

勉強した日 月 日

1 次の文章を読んで、あとの問いに答えなさい。

初《はじ》めのころは、うちにくるたび「おばあちゃん」「おばあちゃん」て、おばあちゃんの後ばかりついてまわるから「わたしと遊ばないなら、帰って」って、頭にきて追い返したこともあった。（もう、あんな子と遊ばない）って、つぎの日、学校で口をきかなかったこともある。でも、由樹奈とのケンカは長続《ながつづ》きしなかった。こっちは仲《なか》なおりしたつもりもないのに、二日もしないうちに、ママの手作りのお菓子《かし》を持って、ちゃっかり家にあがりこんで、航《わたる》とゲームなんかして遊んでる。となりの真吾や宗太《そうた》とも、すぐにおさなじみのように仲よくなってしまった。マイペースで、どこにでもズカズカはいりこんでくる由樹奈が、[①]。由樹奈なんか、引っ越《こ》してこなければよかったのにって、何度も思った。

〈中略《ちゅうりゃく》〉

「えぇーっ、うそォ」「だって、村瀬《むらせ》さんち、おとうさん、いないんでしょ？」「なのに、どうして、おとうさんのほうのおばあちゃんと暮《く》らしてるの？」「おとうさん、死んじゃったの？」

ワアッといっせいに問い詰《つ》められて、なにもいえずに、うつむいてしまった。その時、

「ちょっと、あんた達《たち》！ どうして、そんなことというのよっ。おばあちゃんは、おばあちゃんなんだから、どっちだっていいでしょっ」

教室の後ろで男の子達としゃべってた由樹奈《ゆきな》が飛《と》んできて、ものすごいいきおいでどなった。

「理央《りお》のおばあちゃん、すごいんだから。なんでもできるんだからねっ」

まるでじぶんのことのように、こうふんした声で――

あの時、由樹奈はまだ、うちの事情《じじょう》を知らなかったはず。でも、彼女《かのじょ》がいったことばのとおり、そんなことはどうでもいい。「おばあちゃんといっしょで、うらやましい」って、本気で思ってくれてたんだって、ものすごく[②]。それにもし、由樹奈があんなふうにどならなかったら、もっとしつこくいろいろいわれたかもしれない。

わたしはもともと、女の子同士のキャピキャピしたおしゃべりが苦手で、休み時間はたいてい、ひとりで本を読んだり、ノートのはしっこに絵を描《か》いたりして過《す》ごしていた。クラスで特《とく》に仲《なか》のいい友達《ともだち》もいなかった。家に

帰れば、真吾《しんご》達がいたから、べつにそれでさみしいとも思わなかった。

けど、由樹奈はその日以来《いらい》、まるで護衛《ごえい》かなにかのように、ますますピッタリくっついてくるようになった。たまに、わずらわしいって思うこともあるけど、おかげで教室にいても、ヘンに気をはらずにすんだし、いつの間にか男の子達とも自然《しぜん》にしゃべれるようになった。

（泉《いずみ》 啓子《けいこ》「ずっと空を見ていた」）

＊護衛＝近くで見守る役目の人。

(1) ① にあてはまる言葉を、あとから選《えら》び、記号で答えなさい。（25点）

ア うらやましかった
イ 正直、苦手だった
ウ かわいかった
エ なんだか、気の毒だった

（　　）

(2) ② にあてはまる言葉を、次から選び、記号で答えなさい。（25点）

ア わずらわしかった
イ こわくなった
ウ うれしかった
エ ふしぎだった

（　　）

(3) ――線③「その日以来」について、次の二つの問いにそれぞれ答えなさい。

A 「その日」とは、どのような日ですか。次から選び、記号で答えなさい。（25点）

ア 由樹奈とケンカした日。
イ 真吾達と遊んだ日。
ウ ひとりで本を読んでいた日。
エ 由樹奈がどなってくれた日。

（　　）

B 「その日以来」の「わたし」の「由樹奈」に対する気持ちについて、あてはまるものを次から選び、記号で答えなさい。（25点）

ア 保護《ほご》していたのが、守ってもらうようになった。
イ あこがれていたのが、見下すようになった。
ウ 気の毒《どく》だったのが、そうでもないと思えてきた。
エ 苦手だったのが、好意的《こういてき》にも見ることができるようになった。

（　　）

9 原因《げんいん》・理由をつかむ

学習のねらい

文章の書き手が「どうしてそういうことをいっているのか」という理由を書いていたら、それは大事なところです。何に対する理由なのか、たしかめる必要があります。

勉強した日　月　日

ステップ1

1 次の文章を読んで、あとの問いに答えなさい。

荷馬車を引かせる時も、畑をたがやす時も、人は馬の背後《はいご》にいました。そのため、馬の尻《しり》を目にすることも多かったのです。「匹《ひき》」という字は、二つのものが対《つい》になっていることを表しています。馬の尻も二つに分かれていることから、人々の頭に〝馬＝対になった尻を持つもの〟という印象《いんしょう》が強く焼《や》きつくことになりました。

馬が二つに割《わ》れた尻を持つことにくわえ、綱《つな》につないで「引く」動物という二つの理由から、馬を数える時に「匹」が使われるようになりました。平安時代に書かれた『源氏物語《げんじものがたり》』や『今昔物語《こんじゃくものがたり》』にも、馬を「匹」で数える用例《ようれい》があります。そこからだんだん発展《はってん》して、馬だけでなく広く生き物一般《いっぱん》を数える時にも「匹」が使われるようになっていきました。

（飯田朝子《いいだあさこ》「数え方と単位《たんい》の本③　生き物」）

問　この文章は、何の理由を説明《せつめい》したものですか。次から選《えら》び、記号で答えなさい。

ア　動物を「匹」で数えるようになった理由。
イ　馬が人の生活に欠《か》かせなかった理由。
ウ　平安時代の文学に馬が出てくる理由。
エ　馬が二つに分かれた尻を持つ理由。

（　　）

2 次の文章を読んで、あとの問いに答えなさい。

*窒素《ちっそ》、リン、カリウムの三つの*元素《げんそ》は、植物が多量に必要《ひつよう》であるにもかかわらず、土の中に少ないため、根からとりいれることがむずかしく、作物をつくるときには肥料《ひりょう》として与《あた》える必要があり、肥料の三要素《さんようそ》と呼《よ》ばれています。窒素は大気の八〇％をしめているほど、気体としては大量にあるのですが、植物はこれを直接《ちょくせつ》利用することはできないのです。

（石井誠治《いしいせいじ》「樹木《じゅもく》ハカセになろう」）

*窒素、リン、カリウム＝どれも、「元素」の一種《いっしゅ》。
*元素＝すべての物をつくる、基本《きほん》のもの。

問　窒素を肥料として与える必要があるのは、なぜですか。次から選び、記号で答えなさい。

ア 土の中には少ない上に、大気中の窒素を直接利用できないから。
イ 土の中に大量にあるが、直接利用できないから。
ウ 土の中にも大気中にも少ししかないから。
エ 土の中にも大気中にもたくさんあるから。
（　　）

3 次の文章を読んで、あとの問いに答えなさい。

実際《じっさい》、冷夏といっても今年のようなのは珍《めずら》しい。海の家からビールの売り上げまで、人様の商売が大丈夫《だいじょうぶ》かなと本気で心配になって来る。悪魔《あくま》に他の季節《きせつ》から連れて来られて《さて、今は何月だと思うかね》と謎《なぞ》をかけられたら、十人中十人間違《まちが》えて、魂《たましい》を奪《と》られてしまうような陽気なのだ。

（北村《きたむら》薫《かおる》「空飛《と》ぶ馬」）

問 ――線「本気で心配になって来る」理由を、次から選び、記号で答えなさい。
ア 今年の冬は、珍しく暑いから。
イ 今年の春は、珍しく雨が多いから。
ウ 今年の夏は、珍しく寒いから。
エ 今年の秋は、珍しく台風が多いから。
（　　）

4 次の文章を読んで、あとの問いに答えなさい。

少しでも和歌を詠《よ》む人間なら、どうにかして自分の歌を＊勅撰《ちょくせん》和歌集《わかしゅう》に採用《さいよう》してもらいたいと、心の底《そこ》から願《ねが》いました。たいへんな名誉《めいよ》だからです。考えてもみてください。『古今和歌集《こきんわかしゅう》』は今から千百年以上も前の書物で、そんなに古い時代の作品が今も残《のこ》っているのです。しかも多くは作者の名前付《つ》きで。勅撰和歌集ではありませんが、『万葉集《まんようしゅう》』ならもっと古いことになります。他にこんな例《れい》はありません。

（渡部泰明《わたべやすあき》「古典《こてん》和歌入門」）

＊勅撰和歌集＝天皇《てんのう》が作らせた、和歌を集めた本。

問 ――線「願いました」とありますが、なぜ「願った」のですか。次から選び、記号で答えなさい。
ア 勅撰和歌集に選ばれた歌の作者は、身分が高くなるから。
イ 勅撰和歌集に選ばれると、作者として長くその名が残るから。
ウ 勅撰和歌集に選ばれると、その後死ぬまで不自由《ふ》のない暮《く》らしができるから。
エ 勅撰和歌集に選ばれると、貴族《きぞく》たちと交流することができるようになるから。
（　　）

ステップ2

勉強した日　月　日

時間 25分　合かく点 70点　得点　点

1 次の文章を読んで、あとの問いに答えなさい。

小布施町《おぶせまち》は長野《ながの》市に近く、千曲川《ちくまがわ》を渡《わた》って志賀高原《しがこうげん》に向かうところにある人口一万人ほどの小さい町だ。栗菓子《くりがし》で有名だが、一九八〇年、その栗菓子屋のひとつ小布施堂《おぶせどう》が①若《わか》い主人に代わった。父親が亡《な》くなり、大企業《だいきぎょう》に勤《つと》めていた市村次夫《いちむらつぎお》が呼び戻《もど》される。故郷《こきょう》に帰るからには、家業*を継《つ》ぐだけではなく、何か町に関《かか》わることをしたいと思っていた。

市村次夫の父親、市村郁夫《いくお》は小布施堂の先代*だが、小布施町の町長だった。②小学校など公共施設整備《こうきょうしせつせいび》を重点的《てき》に行う。よい学校を作れば、よい先生を迎《むか》え子供《こども》たちもよくなる、という考えだ。さらに、この小さな町に一九七六年、③北斎館《ほくさいかん》を作る。町には贅沢《ぜいたく》だという声もあった。それが収《おさ》まると、今度は土地から出た埴輪《はにわ》とか、町出身の画家の絵を納《おさ》めようという声が出る。結局《けっきょく》、北斎の絵しか飾《かざ》らない。北斎一本に絞《しぼ》ったから、印象《いんしょう》が鮮明《せんめい》で強い。雑然《ざつぜん》*と物が並《なら》ぶ小さな町の美術館《びじゅつかん》や博物館《はくぶつかん》だったら、幾《いく》つか北斎の作品があっても、今のように人々を惹《ひ》きつけはしなかったろう。

④「なんで小布施に北斎なの？」と訝《いぶか》る声もあろう。

葛飾《かつしか》北斎は江戸《えど》末期の天才画家だが、知ってのとおり江戸の住人だ。この地の豪商《ごうしょう》であり、学者でも文人でもあった高井鴻山《たかいこうざん》が、江戸《えど》にいたとき北斎と知り合い招《まね》いた。都合四回も小布施に来て逗留《とうりゅう》*し、さまざまな作品を残《のこ》している。初めて来たのはすでに高齢《こうれい》の八三歳《さい》の時。岩松院《がんしょういん》という寺の天井《てんじょう》いっぱいに、迫力《はくりょく》ある八方睨《にら》みの鳳凰《ほうおう》*を鮮《あざ》やかな色彩《しきさい》で描《か》いた。これは移動《いどう》できないから、いまは小布施の土地の一部に定着している。また、町の祭りのときに曳《ひ》き回す屋台の天井に、鳳凰、竜《りゅう》、男浪《おなみ》*、女浪《めなみ》と四枚《まい》も描《えが》いた。男浪はあの有名な富嶽《ふがく》三十六景《けい》にある神奈川沖《かながわおき》の絵のように*逆巻《さかま》く波だ。

市村家は高井鴻山の分家のひとつで、北斎の作品をたくさん持っていた。町にはほかにも北斎を持っている人々がいる。死蔵《しぞう》*させてはもったいないから一般《いっぱん》に公開したいし、町から流出しかけていた北斎の絵の防止策《ぼうしさく》になるだろう。すでに画商が目をつけ始めていた。

（田村《たむら》 明《あきら》「まちづくりと景観《けいかん》」）

＊家業＝その家に伝《つた》わってきた仕事。
＊先代＝前の代の主人。
＊雑然＝まとまりのない様子。
＊逗留＝旅行先でしばらくとどまること。

＊鳳凰＝伝説《でんせつ》上の鳥の名前。
＊男浪、女浪＝打《う》ち寄《よ》せてくる高い波と低《ひく》い波。
＊分家＝家族のうち誰《だれ》かが作った別《べつ》の家族のこと。
＊死蔵＝使わずにしまい込んでおくこと。

(1) ――線①「若い主人に代わった」理由を、次から選《えら》び、記号で答えなさい。（20点）

ア 小布施堂が大企業に買い取られたから。
イ 小布施堂の先代が亡くなり、そこで働《はたら》いていた次夫があとを継いだから。
ウ 小布施堂の先代が亡くなり、息子の次夫が戻ってきてあとを継いだから。
エ 小布施堂の先代である郁夫が町長になり、息子の次夫にあとを継がせたから。

（　　）

(2) ――線②「小学校など公共施設整備を重点的に行う」理由を、次から選び、記号で答えなさい。（25点）

ア 小学校を整備すれば、話題になって観光客《かんこうきゃく》がふえるから。
イ 小学校を整備すれば、質《しつ》の高い教育を子供にあたえることができるから。
ウ 小学校を整備すれば、地域《ちいき》の中心地としていろいろな目的《もくてき》に使えるから。
エ 小学校を整備すれば、贅沢ができるから。

（　　）

(3) ――線③「北斎館を作る」とありますが、郁夫が北斎館を作った理由を次から選び、記号で答えなさい。（25点）

ア 市村家のコレクションを見せたかったから。
イ 北斎は小学校教育を充実《じゅうじつ》させる題材になるから。
ウ 死蔵や流出を防《ふせ》ぐ上に、人を惹きつけるから。
エ 画商が北斎の絵を高値《たかね》で買い取ってくれるから。

（　　）

(4) ――線④「なんで小布施に北斎なの？」という問いに対する筆者の答えを、次の文にまとめました。［A］～［C］にあてはまるものを、あとからそれぞれ選び、記号で答えなさい。（30点）

小布施の［A］だった高井鴻山が、［B］にいる北斎を小布施に招いたので、北斎は四回も小布施に逗留して［C］を残したから。

ア 江戸　イ 小布施　ウ 京　エ 作品
オ 豪商　カ 屋台　キ 画商　ク 鳳凰

A（　　）　B（　　）　C（　　）

ステップ３

勉強した日	月　日
時間	45分
合かく点	70点
得点	点

1 次の文章を読んで、あとの問いに答えなさい。

「ここにひとつ、花が落ちてるの。」

少女は自分の足元の少し先を指さした。絹子《きぬこ》は小さな人さし指の示《しめ》すほうを目でたどる。見れば、なるほど椿《つばき》の花がひとつ落ちていた。絹子の目が花をとらえたのを待って、少女は［①］早口で言った。

「落ちてたの。最初《さいしょ》から落ちてたの。みーちゃんが落としたんじゃないの。最初から落ちてたの。本当にそうなの。」

言い終えたあとで、彼女は信《しん》じてもらえるだろうかというように［②］絹子を見上げる。大きな目がまばたきひとつせず、じっと絹子を見ていた。③ああ、そういうことか。女の子の視線《しせん》を受け止めながら、絹子は④くすりと笑《わら》った。絹子が笑ったことで緊張《きんちょう》が解《と》けたのか、『みーちゃん』のほおがほっとゆるんだ。椿の花は、花びらを散《ち》らさない。彼女《かのじょ》はそれをだれかがもぎ取ったせいだと思ったのだろう。たしかに、まだ花が落ちる時期には早いし、落ちている花はひとつきりだ。

しかし、やはり例外《れいがい》の花はある。絹子は⑤ほほえんだ。

「わかってる。この花はね、椿っていって、枯《か》れるときには花ごと落ちるの。ふつうの花はちらちら花びらが落ちてくんだけど、そうじゃないのね。だからだれもアナタが取ったなんて思わないわよ。」

「本当に？」

「ええ。落ちた花を見てたの？」

「うん。」

少女は返事をして、⑥まただまった。絹子の顔と落ちた椿を見比《みくら》べるように順番《じゅんばん》に目で追ってから、おずおずと絹子のほうに視線《しせん》をもどした。

「あの花、もらっちゃだめ？」

「落ちた、あれのこと？」

「そう。」

絹子は落ちていた椿の花をそっと拾《ひろ》い上げる。枯《か》れ始めた様子もなく、花びらもきちんとついている。しかし手のひらにのせてよく見ると、花びらのひとつが石にでも当たったのか濃《こ》くにじんでひしゃげているところがあった。少女の目が絹子の手のひらの上をじっと見つめていた。絹子は⑦笑《え》みを浮《う》かべながら、花ののった手を彼女の顔の前に近づける。

「別《べつ》にいいけど、新しい花をあげようか？　ここ、花の先のところがつぶれてよごれてるでしょう?」

よごれの箇所《かしょ》を示してみるが、少女はあわてたように首をふった。顔をぱっと上げる。[⑧]目をかがやかせていた。

「くれるの?」

「いいわよ。持って帰って。でも本当にそれでいいの?」

「うん。」

少女は本当にうれしそうだった。見ていると、ついこちらまで⑨笑みが浮かんだ。

（辻村深月《つじむらみづき》「雪の降《ふ》る道」）

(1) [ ]①・②・⑧にあてはまる言葉を、次からそれぞれ選《えら》び、記号で答えなさい。(10点)

ア うれしそうに　イ あわてたように

ウ かなしげに　エ 不安《ふあん》げに

①（　）②（　）⑧（　）

(2) ――線③「ああ、そういうことか」とありますが、どういうことですか。答えなさい。(10点)

（　）

(3) ――線④・⑤・⑦・⑨は、絹子が笑っている場面です。それぞれの笑いの様子について、次の文の[ ]を字数に合わせてうめて、説明《せつめい》を完成《かんせい》させなさい。(15点)

④ 女の子が緊張している□□がわかって、なっとくしている。

⑤ 女の子が花を取ったとは思っていないことを言って、女の子を□□させようとしている。

⑦ 落ちた花をもらえるかどうか、答えを待っている女の子に、□□□□□ことを言おうとしている。

⑨ 女の子の様子につられて、□□□□気持ちになっている。

(4) ――線⑥「だまった」とありますが、女の子はなぜ「だまった」のですか。文末《ぶんまつ》が「〜から。」となるように、答えなさい。(10点)

（　から。）

2 次の文章を読んで、あとの問いに答えなさい。

そのとき、校舎《こうしゃ》からチャイムが聞こえた。

「やべ」

そいつは慌《あわ》てたように立ち上がった。超早業《ちょうはやわざ》でネクタイをしめ、ズボンをずり上げてベルトをしめ直す。

「じゃあな」といって校舎にもどっていく。

おれもいこうとしたが、紙コップを地面に置《お》きっぱなしにしていることに気がついた。大量《たいりょう》の氷がとけた水が残《のこ》っている。一番近くにあった植木鉢《うえきばち》のしおれた草に水をかけ、からになった紙コップを持って校舎にもどった。

次の日の昼休みの弁当《べんとう》を食べ終わると、なんとなく昨日《きのう》と同じように自販機《じはんき》のコーラを買って、第二校舎を抜《ぬ》けた。倉庫《そうこ》の裏《うら》にあいつはいなかった。昨日と同じ場所に座《すわ》り、水っぽいコーラを飲んだ。

ふと、そばにある植木鉢の草に、目がとまった。なぜかその草だけ、まわりの草と雰囲気《ふんいき》がちがう。花の咲《さ》いていない、ハート形の葉が生えているだけの植物なのだが、茎《くき》が立ち上がり、葉もひらいている。

隣《となり》の鉢《はち》を見ると、葉の形からして同じ種類《しゅるい》らしいが、茎が倒《たお》れ、葉は枯《か》れたようにしおれている。元気なのは、おれのすぐそばの鉢だけだ。


どうしてこんなちがいがあるんだろう。ここだけ雨も降《ふ》ったか。と思ったとき、①を思い出した。

うそだろ？　あれだけでこんなに元気になるのか。
②草に目を近づけて、よく見てみた。やっぱりこの草だけ、葉っぱの形が下向きの∧ではなくて、上向きの∨になっている。
「なに、見てるんだ」

声がした。あいつだ。今日も③ネクタイを首にかけ、ズボンの股《また》を下げ、ストローを突《つ》き刺《さ》した牛乳《ぎゅうにゅう》パックを持っている。

「昨日水をやった鉢だけ、元気になってるんだ」

そいつはそばにやってくると、おれと同じように目を近づけた。

「こいつか？」

隣の草と見比《みくら》べる。

「すげ」

本気で驚《おどろ》いたらしい。

「ということは、他のにも水やったら④こんな感じになるのか」

「わからないけど、そうじゃないかな」

そいつはあたりを⑤、倉庫の前にあった水道の蛇《じゃ》口《ぐち》をひねり、水が出ることを確《たし》かめた。

「あれはねえのかな。⑥ゾウさんの鼻《はな》からシャーみたいなやつ、ほら、水をシャーってかけるやつ。あれ、なんていうんだ」

「……ジョウロのこと？」

「それそれ、ジョウロだ、ジョウロ」

まわりを見るがない。バケツもホースもない。そいつは牛乳パックの上を手でひらきはじめた。中をすすいで水をくむと、へになっている草にかけた。おれも急いでコーラを飲み干《ほ》した。今日はまだとけきっていない氷を、水道の下の＊排水溝《はいすいこう》に捨《す》て、紙コップを洗《あら》ってから水をくんだ。

草が植えられている鉢は、昨日水をやったのも含《ふく》めて九つあった。二人で蛇口と鉢のあいだを競《きそ》うように往復《おうふく》し、全部に水をやった。

（魚住直子《うおずみなおこ》「園芸少年《えんげいしょうねん》」）

＊排水溝＝水を流し出すためのみぞ。

(1) ［①］にあてはまる言葉を「〜こと。」に続《つづ》くように、十五字以内《いない》で答えなさい。（10点）

［　　　　　　　　　　　　　　　］こと。

(2) ［②］・［③］・［⑤］には登場人物の動作が入ります。次からそれぞれ選《えら》び、記号で答えなさい。（15点）

ア 見回した　イ ころび回った
ウ もどった　エ はずした　オ しゃがんで

②（　　）③（　　）⑤（　　）

(3) ――線④「こんな感じ」とは、どのような感じですか。答えなさい。（10点）

（　　　　　　　　　　　　）

(4) ――線⑥「あれはねえのかな」について、次のA・Bにそれぞれ答えなさい。（10点）

A この言葉から「そいつ」が何をしていることが読み取れますか。十二字以内で答えなさい。

［　　　　　　　　　　　　］

B 「そいつ」は何のためにAの行動をしていますか。答えなさい。（10点）

（　　　　　　　　　　　　）

10 事実と意見

学習のねらい
事実とは、本当にあったことや、だれでもたしかめることのできること、意見とは、だれかが頭で考えたことで、本当かどうかたしかめることができないことです。

勉強した日　月　日

ステップ1

❶ 次の文章を読んで、あとの問いに答えなさい。

日本には200種以上《いじょう》のトンボがすんでいます。大きく分けると、＊翅《はね》を閉じてとまるイトトンボや、カワトンボの仲間《なかま》、翅を開いてとまるヤンマや、アカトンボなどの仲間に分けられます。幼虫《ようちゅう》は水の中で暮《く》らします。池や田んぼにすむもの、川にすむものがあり、好《この》む水の深さや、流れの速さなどの環境《かんきょう》も種類《しゅるい》によって様々《さまざま》です。様々な環境の水辺《みずべ》があることが、トンボが生きていくためには、とても大切なことです。

（海野和男《うんのかずお》「トンボのなかま」）

＊翅＝虫の羽。

問　この文章で述べられている事実を次から選び、記号で答えなさい。

ア 日本にすんでいるトンボは、200種より少ない。
イ イトトンボとヤンマは、同じ仲間だ。
ウ 幼虫は、水の中で育つ。
エ トンボは、川にしかすんでいない。

（　　）

❷ 次の文章を読んで、あとの問いに答えなさい。

ケガをした野鳥が保護《ほご》されてきたので、エサを置《お》いておいたのだが、やはり食べようとはしなかった。小さい鳥の場合、四、五時間、エサを食べないと死んでしまう。①そして、その鳥はあっさり、死んでいった。

②「食べればいいのに。食べて元気になれば、ケガも早く治《なお》るのに……」と思うけれど、その生き方は野鳥には通用しない。他の種《しゅ》の生き物を信用《しんよう》するなんて、あり得《え》ないことなのだ。③野鳥が本能的《ほんのうてき》に学んだ生き方、エサの食べ方というものがあり、それ以外《いがい》のことをしたら死ぬかも知れないことを彼《かれ》らは知っている。野鳥は、自分の生き方の中で死ぬことを選ぶ。ぼくらは、死ぬことに抵抗《ていこう》していて、なんとか生命をつなぎとめようと必死《ひっし》になるが、彼らはそういうことをしない。④あがかず、もがかず、あっさり死んでいく。

（坂東《ばんどう》 元《げん》「動物と向きあって生きる」）

問　——線①～④の中で、事実をのべている文を、一つ選び、番号で答えなさい。

（　　）

3 次の文章を読んで、あとの問いに答えなさい。

世紀末のウィーン、より正確《せいかく》には世紀転換期《せいきてんかんき》のウィーンは、まず第一に①決して暗い時代ではなかった。むしろ②急速な科学技術《ぎじゅつ》の進歩と経済発展《けいざいはってん》を背景《はいけい》とする前向きの時代であり、文化の面でも、当時の代表的な美術《びじゅつ》・文《ぶん》芸雑誌《げいざっし》の③『聖《せい》なる春』という誌名《しめい》からもうかがえるように、④全体として暗い「終末《しゅうまつ》」というよりは、むしろ明るく華《はな》やいだ「始まり」だった。

（田辺秀樹《たなべひでき》「陽気なミューズの世紀末」）

問 ——線①〜④について、事実が書いてある場合はア、意見が書いてある場合は、それぞれイを書きなさい。

①（　） ②（　） ③（　） ④（　）

4 次の文章を読んで、あとの問いに答えなさい。

日本にはいったい何人くらいの失語症患者《*しつごしょうかんじゃ》がいるのでしょうか？ ①たとえば、少し古いデータになりますが、日本失語症学会（現在の日本高次脳機能障害学会《こうじのうきのうしょうがいがっかい》）が二〇〇二年に実施《じっし》したアンケートによる失語症全国実態《じったい》調査《ちょうさ》によりますと、その数は二万八〇五四人です。②このうち原因《げんいん》となる疾患《*しっかん》がわかっている患者数は二万五六一五人でした。③この二万五六一五人のうち、なんと九〇・七パーセントが脳血管障害《のうけっかんしょうがい》によるものでした。④ただし、この調査は、言語聴覚士《げんごちょうかくし》（失語症治療《ちりょう》の専門家《せんもんか》）がいる二四四一施設《しせつ》だけを調査対象《たいしょう》としたもので、しかも、アンケートに応《おう》じてくれた施設数（有効《ゆうこう》回答数）は依頼《いらい》施設の三三・一パーセントに過《す》ぎません。⑤ですから、実際《じっさい》の患者数はもっとずっと多いはずです。

（山鳥《やまどり》 重《あつし》「言葉と脳と心」）

＊失語症＝脳が正しく活動せず、言葉を正しく言えなかったりする状態《じょうたい》。
＊疾患＝病気。

(1) ——線①〜⑤について、事実が書いてある場合はア、意見が書いてある場合はイを書きなさい。

①（　） ②（　） ③（　） ④（　） ⑤（　）

(2) (1)で、ア「事実が書いてある」と判断《はんだん》した共通《きょうつう》の根拠《こんきょ》を、次の文の（　）をうめて答えなさい。

事実のうらづけとなる（　）が示《しめ》されているから。

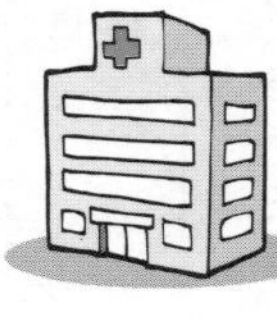

ステップ2

時間	合かく点	得点
25分	70点	点

勉強した日　月　日

1 次の文章を読んで、あとの問いに答えなさい。

1　多くの環境《かんきょう》問題には、共通《きょうつう》することがあります。それは*生態系《せいたいけい》を*撹乱《かくらん》するということです。例《たと》えば、温《おん》暖化《だんか》は南方の生物の日本への侵入《しんにゅう》と*繁殖《はんしょく》を容易《ようい》にします。また、酸性雨《さんせいう》は森林を枯《か》らし、欧米《おうべい》の*湖沼《こしょう》を酸性化させて魚を死滅《しめつ》させる、という生態系《せいたいけい》の変化《へんか》を引き起こしています。

2　そうすると、環境問題の「問題」は、人間活動によって生態系が変《か》えられること、といえそうです。そして、その問題の本質《ほんしつ》は、それまでの生態系に*依存《いそん》していた人間のくらしが、変化した生態系に適応《てきおう》できなくなる、ということでしょう。

3　例えば、温暖化が進むと、冷涼《れいりょう》な気候《きこう》を好《この》むリンゴの産地《さんち》では、リンゴの生育が悪くなり、リンゴを売ることができなくなります。その一方で、南方の病原性微生物《びせいぶつ》や毒《どく》グモなどが日本に侵入して人間に健康《けんこう》被害《ひがい》を与《あた》える可能性《かのうせい》が高くなることも考えられます。また、温暖化による海水面の上昇《じょうしょう》は、海に面した低地《ていち》で活動している多くの人が生活の場（土地）をうばわれてしまうことが問題となります。

4　そのように考えると、環境問題は、人間が強く生態系に依存しているために生じる、ということができるでしょう。すると、環境問題を考える際《さい》には、生態系の理解《りかい》が必要《ひつよう》になることは自明のことです。

5　近年になって、生物多様性*保全《ほぜん》の必要性《ひつようせい》が多くの場で取り上げられるようになりました。それにより、今まで以上《いじょう》に生態系という言葉を耳にするようになり、それとともに、生態系を考える機会《きかい》が増《ふ》えています。ところが、生態系の保全活動に加わっている人々の中には、特定《とくてい》の生物種《しゅ》または生物グループばかりに注目し、本来必要とされている「生態系レベルで自然環境を見る目」を持っていない方がいるように私《わたし》には思えます。そうなると、守ろうとした生物を、かえってその場から追い出すことになる可能性《かのうせい》すらあるでしょう。そのことは、*拙著《せっちょ》『自然はそんなにヤワじゃない』にも書きました。

6　したがって、生態系に対する関心《かんしん》が高まっている今だからこそ、多くの人に、生態系とはどういうものかということを理解していただく必要があります。

（花里孝幸《はなざとたかゆき》「生態系は誰《だれ》のため？」）

＊生態系＝ある場所にいる生き物と環境を、ひとまとまりに考えたもの。
＊撹乱《こんらん》＝混乱させること。
＊繁殖＝動物や植物が増えること。
＊湖沼《みずうみぬま》＝湖と沼。
＊依存＝何かにたよること。
＊保全＝保護《ほご》して安全にしておくこと。
＊拙著＝自分の作品。

(1) 段落《だんらく》1で書かれている事実を、次から選《えら》び、記号で答えなさい。(15点)

ア 北方の生物が日本に入ってくるようになった。
イ 環境問題とは、生物が繁殖することだ。
ウ 森林が枯れると、温暖化が進む。
エ 酸性雨が欧米の森林を枯らしている。

（　　）

(2) ——線「そうすると、……」とありますが、事実ならアを、意見ならイと答えなさい。(10点)

（　　）

(3) 段落3に事実を書いた文がふくまれている場合はアを、ふくまれていない場合はイと答えなさい。(10点)

（　　）

(4) 段落4〜6の中で、事実を書いた文がふくまれている段落を、一つ選び、段落番号で答えなさい。(10点)

（　　）

(5) (4)で答えた段落にある、事実を書いた一文をぬき出し、はじめの五字を答えなさい。(15点)

(6) この文章に書かれている意見のうち、筆者が一番強くのべたい意見が書かれている一文をぬき出し、はじめの五字を答えなさい。(15点)

(7) (6)で答えたことをふまえ、筆者が一番強くのべたい意見を、三十字以内《いない》にまとめて答えなさい。(25点)

11 段落《だんらく》の構成《こうせい》をつかむ

学習のねらい

文のまとまりを「段落」といいます。筆者がのべたいことをうまく読み取るには、どのような役割《やくわり》の段落がどういう順番《じゅんばん》でならべられているのかに注意する必要《ひつよう》があります。

勉強した日　月　日

ステップ1

1 次の文章を読んで、あとの問いに答えなさい。

貝による食中毒《しょくちゅうどく》はことのほか強烈《きょうれつ》である。カキやアサリなどを食べて、激《はげ》しい腹痛《ふくつう》と下痢《げり》に襲《おそ》われたという経験《けいけん》のある人もいるだろう。

だが、どうして貝が毒を持つのだろうか。実はフグ毒と同様、貝もまた自分自身で毒を生み出すわけではない。貝の多く、主にアサリやカキ、ホタテガイなどの二枚貝《にまいがい》は海中の植物プランクトンを餌《えさ》としている。それらの中には毒を持った貝毒原因《げんいん》プランクトンと呼《よ》ばれるものがある。この貝毒プランクトンを貝が食べることによって、貝の体内に毒素《どくそ》が蓄積《ちくせき》されていくのである。

（田中真知《たなかまち》「へんな毒すごい毒」）

問　この文章の構成《こうせい》についての説明《せつめい》にあてはまらないものを、次から一つ選《えら》び、記号で答えなさい。

ア　答える前に、似《に》たしくみの他の例《れい》をあげている。
イ　最初《さいしょ》に示《しめ》した問いに、次の段落《だんらく》で答えている。
ウ　最初の段落で身近な話題を取り上げている。（　）

2 次の文章を読んで、あとの問いに答えなさい。

花粉《かふん》にはいろいろな形があるのですが、そういう花粉がみんな地表に落ちます。その落ちたところが、たとえば「湿地《しっち》」「湖」や「海の底《そこ》」である場合もあります。

（安田喜憲《やすだよしのり》「地中の花粉」）

問　次のア〜ウは、この文に続く段落です。正しい順《じゅん》に記号で答えなさい。

ア　それで、私《わたし》たちは、土の中にボーリングをして土を採《さい》取《しゅ》し、その土の中に含《ふく》まれる花粉を抽出《ちゅうしゅつ》するのです。

イ　湖の水面に落ちたとしますと、その落ちた花粉は静《しず》かに底に沈《しず》んでいって、湖底《こてい》にたまっていくわけです。小さいけれど膜《まく》がものすごく強いので全《ぜん》然壊《ぜんこわ》れることなく、何千年でも何万年でも湖底の土の中に眠《ねむ》っています。

ウ　木から花粉がワーッと飛《と》んできて湖や湿原《しつげん》に落ちてたまっても、花粉は何万年でも腐《くさ》らないで土の中に残ります。それは、花粉は非常《ひじょう》に小さいけれども、膜がものすごく固《かた》いからです。

（　→　→　）

❸ 次の文章を読んで、あとの問いに答えなさい。

[1] えんぴつとは何か(いま私は、えんぴつでこの文章を書いているのでえんぴつを例にあげましたが、これは何でもよいのです)。

[2] こう聞かれたら、辞書《じしょ》に書いてあるように、「黒鉛《*こくえん》と粘土《ねんど》の粉末《ふんまつ》の混合物《こんごうぶつ》を高熱《こうねつ》で焼《や》いて作った芯《しん》に、木の軸《じく》をはめて作る筆記用具」などと言うより、「これだよ」と実物を見せるほうが早いですね。初《はじ》めてえんぴつを見た人には、書き方や削《けず》り方を教えてあげることも大切でしょう。

[3] それでは、〝いのちとは何か〟と聞かれたらどうしたらよいでしょう。これだよと言って見せることができるでしょうか。いのちはどこにあるのでしょう。

(中村《なかむら》 桂子《けいこ》「〝いのち〟とは何か――生きるということ」)

＊黒鉛＝岩石をつくる物質《ぶっしつ》の一つで、えんぴつのしんの材料《ざいりょう》になる。

問 この文章の段落の構成を説明した文としてあてはまるものを、次から選び、記号で答えなさい。

ア [1]と[2]で例をあげ、[3]で本題の問いを示《しめ》している。
イ 文章の本題となる問いを[1]であげている。
ウ [1]であげた問いに、[2]と[3]で答えている。
エ [1]で本題を示し、[2]と[3]で説明している。

（　　）

---

❹ 次の文章を読んで、あとの問いに答えなさい。

『百人一首』のかるたは、お正月に家族で遊んだり、学校で対抗戦《たいこうせん》を行ったり、現代《げんだい》でもおなじみの遊びである。かるたの起源《きげん》は、平安時代の遊び「貝覆《かいおお》い」にさかのぼる。二枚貝《にまいがい》を二つに分けて、対《つい》のものを探《さが》すという遊びである。その後、内側《うちがわ》に絵と歌が描《えが》かれた「歌貝」が登場したという。さらに室町《むろまち》時代になって、ポルトガルから「カルタCARTA」(トランプ)が伝来《でんらい》し、貝を紙に変《か》えて、かるたになった。

現在《げんざい》のかるた遊びは、坊主《ぼうず》めくり、散《ち》らし取り、源平《げんぺい》合戦《がっせん》などがある。小学校では、短い時間で競《きそ》える五色かるたという方法《ほうほう》も導入《どうにゅう》されている。このほか、全日本かるた協会《きょうかい》がルールを定めたかるた取りが、競技《きょうぎ》かるたである。

(谷《たに》 知子《ともこ》「百人一首」)

問 次から、文章に書かれているものを三つ選び、書かれている順に記号で答えなさい。

ア かるた遊びの種類《しゅるい》　イ かるたの歴史《れきし》
ウ かるたの札《ふだ》の種類　エ 『百人一首』のかるたとは
オ かるた遊びで勝つには

（　→　→　）

ステップ2

勉強した日　月　日

時間 25分　合かく点 70点　得点　点

1 次の文章を読んで、あとの問いに答えなさい。

1 庭の片隅《かたすみ》でかんたんな実験《じっけん》をしてみましょう。*雑草《ざっそう》がたくさん生えた、土のやわらかいところを探《さが》してください。まず直径《ちょっけい》70〜80㎝の円になるくらいまで草をきれいにぬいて、つぎにそこの土を15〜20㎝の深さまでスコップでほり起こしましょう。なるべく下の土が上に来るようにしてから、表面を平らにならしておきます。しばらく雨が降《ふ》っていないときや、乾燥《かんそう》した季節《きせつ》であれば十分に水をかけておくのがいいでしょう。

2 何日かたったとき、芽《め》を出したたくさんの草がいっせいに双葉《ふたば》を広げだしたにちがいありません。もしまだ草が生えてこないようなら、もうすこし待ってみましょう。そのうち小さな双葉がきれいに生えそろってくるはずです。なぜこんなにきれいにそろうのでしょう。

3 まず、種《たね》が土の中のどのくらい深いところで芽を出したかを調べてみましょう。生えてきた草の*芽生えのどこからか土の中にあったかがわかるように、草の根もとを指で押《お》さえながら、何本かの芽生えをそっとぬいてください。茎《くき》と根のさかいは、根が枝《えだ》わかれしていたり、太さがちがっていたりするので、だいたい区《く》別《べつ》がつきます。指で押さえた位置《いち》と根までの長さが、土の中にあった茎の長さですね。この長さが、この種が土の中で芽を出したときにあったおよその深さです。

4 ほとんどの芽生えでは土の中にあった茎の部分がとても短かったでしょう。これは地面の近くにあった種だけが芽を出したということを意味しています。種が地面の近くに来られたのは、もちろんみなさんが土をほり返したからにちがいありません。残念《ざんねん》ながら地面の近くに出て来られなかった種は、まだ芽を出せずに土の中でじっとつぎの機会《きかい》が来るのを待っているはずです。

5 それではなぜ土の中の深いところにあった種は芽を出さなかったのでしょう。地面近くまできた種は何を感じて芽を出したのでしょう。

（和田正三《わだまさみつ》「花も葉っぱも光がだいすき」）

＊雑草＝自然《しぜん》に生えてくる、いろいろな草。
＊芽生え＝新しく出始めた芽。

(1) この文章のどこかに、次の段落《だんらく》が入ります。どの段落のあとに入りますか。段落番号で答えなさい。(20点)

> 翌日《よくじつ》から毎日、一日一回だいたいの時間を決めて、ほり起こした土の上に生えてくる植物の形や数を観《かん》察《さつ》して、記録《きろく》してみましょう。

（　　）

(2) ――線「なぜこんなにきれいにそろうのでしょう」とありますが、これに対する答えが書いてある段落を一つ選《えら》び、段落番号で答えなさい。(20点)

（　　）

(3) 段落3と段落4の関係《かんけい》について、あてはまるものを次から選び、記号で答えなさい。(20点)

ア　3で方法《ほうほう》を説明《せつめい》した実験《じっけん》の結果《けっか》を、4で書いている。
イ　3で出た実験結果からわかったことが、4に書かれている。
ウ　3の実験をおこなった理由を、4で説明している。
エ　3の実験結果とは反対の結果が、4に書かれている。

（　　）

(4) 段落5は、この文章の中でどういうはたらきをしていますか。次から選び、記号で答えなさい。(20点)

ア　文章の結論《けつろん》になっている。
イ　文章の結論のあとに、まったく別《べつ》の話題を始めている。
ウ　このあとに文章の結論が続《つづ》くことを示《しめ》している。
エ　文章の結論を受けて、新しい問いを出している。

（　　）

(5) 次に示した、この文章の結論を、文中の言葉でうめて答えなさい。(それぞれ、十字と十五字)(20点)

［　　　　　　　　　　］芽を出し、［　　　　　　　　　　　　　　　］
［　　　　　］芽を出せずに土の中でじっと
つぎの機会を待っているはずだ。

12 主題をとらえる

学習のねらい
文章が「何について書いてあるか」を、その文章の「主題」といいます。文章の主題をとらえることは、文章の内容を正しくとらえるための第一歩で、とても重要《じゅうよう》です。

勉強した日　月　日

ステップ1

1 次の文章を読んで、あとの問いに答えなさい。

梟《ふくろう》はまだ＊愛嬌《あいきょう》があったが、なによりも怖《こわ》いのは、ムササビだ。世の中に、こんな恐《おそ》ろしいものがいるだろうか。ムササビは大榎《おおえのき》にすんでいて、夜な夜な、ものすごい、この世も終《おわ》りのような叫《さけ》びをあげる。子どもがちっともいうことを聞かないと、お母さんはよく、

「そら、バンドリが来るよ。裏《うら》へ放り出すよ」

といっておどかした。お母さんはムササビのことをバンドリと呼《よ》んでいる。吉野《よしの》の奥《おく》で生れたので、この地方での呼名《よびな》を使っていたが、ぼくたちもバンドリといいならわしていた。

（河合雅雄《かわいまさを》「裏藪《うらやぶ》の生き物たち」）

＊愛嬌＝かわいらしさ。にくめない様子。

問　この文章は、何について書いてありますか。次から選《えら》び、記号で答えなさい。

ア　ムササビのすんでいる場所
イ　ムササビの生態《せいたい》
ウ　怖い動物
エ　吉野の言葉

（　　）

2 次の文章を読んで、あとの問いに答えなさい。

「へえ、そうなんですか」とわたしは聞く。

もっとお琴《こと》の話がつづくのかと思いながら、香山《かやま》さんと並んで横断《おうだん》歩道を渡《わた》っていると、

「びっくりしたわよ」と香山さんは言った。「それが真っ暗な池なのよ。真っ暗な池の中を鯉《こい》がうようよ泳いでいるの。あれ取って、取ってって、裕一《ゆういち》が言うから、だめだめ、おじさんに叱《しか》られますよって、あたくしは止めたのに、主人が網《あみ》で掬《すく》いあげちゃって。それが大きな鯉なのよ。＊洗《あら》いにしたら何人前できるかしらと思ってね」

夢《ゆめ》の話をしているのだ。□の話は昔のことか、夢の話だ、ほとんど。

（岩瀬成子《いわせじょうこ》「まつりちゃん」）

＊洗い＝刺《さ》し身《み》の一種《いっしゅ》。

問 □に入る言葉を、次から選び、記号で答えなさい。

ア わたし　**イ** 香山さん　**ウ** おじさん　**エ** 主人

（　　）

❸ 次の文章を読んで、あとの問いに答えなさい。

このごろ時々写真機《しゃしんき》をさげて新東京風景断片《ふうけいだんぺん》の採集《さいしゅう》に出かける。技術《ぎじゅつ》の未熟《みじゅく》なために失敗《しっぱい》ばかり多くて獲《え》物《もの》ははなはだ少ない。しかし写真をとろうという気で町を歩いていると、今までは少しも気のつかずにいたいろいろの現象《げんしょう》や事実が急に目に立って見えて来る。つまり写真機を持って歩くのは、生来《せいらい》持ち合わせている二つの目のほかに、もう一つ別《べつ》な新しい目を持って歩くということになるのである。

（寺田寅彦《てらだとらひこ》「寺田寅彦随筆集《ずいひつしゅう》」）

問 この文章の題名として合うものを、次から選び、記号で答えなさい。

ア 二つの目　**イ** 町の現象

ウ カメラをさげて　**エ** 東京の風景

（　　）

❹ 次の文章を読んで、あとの問いに答えなさい。

そこは、むかし鹿《しか》が教えたお湯なのだという山の中の温泉《おんせん》へ、夏の末《すえ》から出かけてしばらく行っていたことがあった。どっちを向いても山ばかり、袋《ふくろ》のどんじりみたようなところで、たった一つの出入り口は細い谷川に沿《そ》った狭《せま》いうねうね道で、辛《かろ》うじて里へ導《みちび》かれた。とはいえ、温泉には＊無論《むろん》旅館もあり別荘《べっそう》もあり、バスはひけているし、ラジオも高々と鳴りたてている。一泊《いっぱく》の旅の人ならここも都会人の幅《はば》をきかす湯とうけとって帰るだろうが、すこし長くいてみると、やっぱりここは鹿の教えたお湯だなあ、鹿は都会人にではなくこの土地の人にこのお湯をおくったのだなと考えられる湯処《ゆどころ》なり湯なりである。

（幸田《こうだ》 文《あや》「幸田文旅の手帖《てちょう》」）

＊無論＝もちろん。

問 この文章の題名として合うものを、次から選び、記号で答えなさい。

ア 都会人の湯　**イ** 都会と田舎《いなか》

ウ 鹿のお湯　**エ** 温泉の便利《べんり》さ

（　　）

ステップ2

時間	合かく点	得点
25分	70点	点

勉強した日　月　日

1 次の文章を読んで、あとの問いに答えなさい。

ああ、おぼえているよ。雲によく似《に》た猫《ねこ》のことだろう？　あのこ、ラン、ていうのかい。

ぼくの仕事のなかで、「雲のみはり役」というのがあるんだが、あれ、のんきそうだけど、けっこうたいへんなんだ。

あの日も、空を駆《か》けまわって、雲のむれを西から東に連《つ》れて行くところだった。

で、ふっと下をみると、ちいさな雲が、草むらに迷《まよ》いこんでいる。（あ、いけない！）と思ってね。連れもどすために、あわてて空を駆けおりた。……ぼく、ちょいちょい、雲を木の枝《えだ》なんかに引っかけたまま、忘《わす》れてきちゃったりするもんで。

で、近よってみると、これがランだったんだよな。ふっくらまるくなって、ぐうぐう、眠《ねむ》っている。ほんと、雲そっくりだったなあ。

なあんだ猫か、と思って空に帰ろうとしたんだけど、あんまり気持ちよさそうに眠ってるだろう？　いたずら心がおきてね、ランの耳を、ちょっとくすぐってやった。

すると、かわいいじゃないか、ねぼけながら、まえ足を、ぎゅうっとちぢめてさ、ちいさなあくびをして、ねがえりうったっけ。

そのあとも、あのこを、気をつけてみていると、ときどき霧《きり》なんかあつめて、遊んでいるようだったよ。

（工藤直子《くどうなおこ》「ねこはしる」）

(1) ——線「ぼく」の正体は何ですか。次から選《えら》び、記号で答えなさい。(25点)

ア 霧　イ 風　ウ 雲　エ 雨

（　　）

(2) この文章の題名は「[A]が[B]はなし」です。[A]には(1)の答えが入ります。[B]にあてはまる言葉を、次から選び、記号で答えなさい。(25点)

ア ランをみて、まちがえた
イ ランにあって、連れもどした
ウ ランに近よって、ねがえりをうった
エ ランをみはって、忘れてきた

（　　）

2 次の文章を読んで、あとの問いに答えなさい。

安雄《やすお》さんは、刃《は》のとぎ方をおじさんにおそわっているらしいのです。顔をまっかにして一生けんめいにやっています。それで、小さい太郎《たろう》の方を、いつまで待っても見てくれません。

とうとう、小さい太郎はしびれをきらして、

「安《やす》さん、安さん。」

と、小さい声でよびました。安雄さんにだけ聞こえればよかったのです。

しかし、こんなせまいところでは、そういうわけにはいきません。おじさんが聞きとがめました。おじさんは、いつもは子どもにむだぐちなんかきいてくれるいい人ですが、きょうは、なにかほかのことではらをたてていたとみえて、太いまゆねをぴくぴくと動かしながら、

「うちの安雄はな、もう、きょうから、一人まえの□になったでな、子どもとは遊ばんでな、子どもは子どもと遊ぶがええぞや。」

と、つっぱなすようにいいました。

すると安雄さんが、小さい太郎の方を見て、しかたがないように、かすかにわらいました。そしてまたすぐ、じぶんの手先に熱心《ねっしん》な目をむけました。

虫がえだから落ちるように、力なく、小さい太郎はこ*うしからはなれました。

そして、ぶらぶらと歩いていきました。

（新見南吉《にいみなんきち》「かぶと虫」）

*こうし＝細い角材や竹などを、ごばんの目のように組み合わせて作った建具《たてぐ》。

(1) □にあてはまる言葉を、ひらがな三字で答えなさい。(25点)

(2) この文章の主題を、次から選び、記号で答えなさい。(25点)

ア 安雄さんは子どもの世界にはもういない。
イ 小さい太郎は子どもと遊びたい。
ウ 安雄さんは明日遊んでくれる。
エ 小さい太郎は早く一人まえになりたい。

（　　）

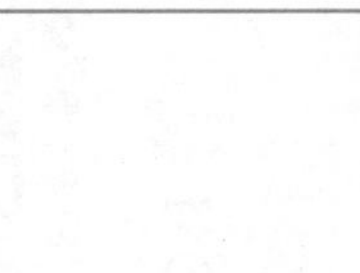

13 結論《けつろん》をつかむ

学習のねらい

文章の結論とは、その文章の「一番のべたかったこと」といえます。これを読み取ることは、特《とく》に、意見や主張《しゅちょう》の書かれた文章の理解《りかい》には欠《か》かせない、重要《じゅうよう》なことなのです。

勉強した日　　月　　日

ステップ1

1 次の文章を読んで、あとの問いに答えなさい。

わたしってだれ？
じぶんってなに？
だれもがそういう爆弾《ばくだん》のような問いを抱《かか》えている。爆弾のような、といったのは、この問いに囚《とら》われると、いままでせっかく積み上げ、塗《ぬ》り固《かた》めてきたことがみな、がらがら崩《くず》れだしそうな気がするからだ。あるいは、崩れるとまではいかないにしても、なにか二度と埋《う》められないひびや*亀裂《きれつ》が入ってしまいそうな気がするからだ。この問いには、問うものじしんをあやうくするところがある。

（鷲田清一《わしだきよかず》「じぶん・この不思議《ふしぎ》な存在《そんざい》」）

*亀裂＝割《わ》れ目。

問　結論《けつろん》となる一文をぬき出し、最初《さいしょ》の六字を答えなさい。

2 次の文章を読んで、あとの問いに答えなさい。

「ひまと忙《いそが》しいの中間くらいがいい」ときみは思うかもしれない。ぼくもそう思う。でも世間はなかなかそれを許《ゆる》してくれない。昔、カナダのモントリオールという、日本の都会よりもずっとのんきな街《まち》に住んでいたころのことだ。ぼくはひまでもない、忙しくもない、というちょうどいい感じでくらしていた。あるとき、アルバイトの仕事で出会ったある日本人に「もう、そろそろきみも考えたほうがいいね」といわれた。そのひとはある大きな映画《えいが》会社の部長で、三十歳《さんじっさい》を過《す》ぎたのにちゃんと就《しゅう》職《しょく》もせずに、外国で気楽に生きているぼくを年長者として叱《しか》ったのだった。別《わか》れぎわに彼《かれ》は、初対面《しょたいめん》とは思えない親しさでぼくの肩《かた》に手をおき、「がんばれよ」といった。
彼のいう「がんばる」とはどういう意味だろう。たぶんそれは、「　　」ということだったと思う。

（辻《つじ》信一《しんいち》「『ゆっくり』でいいんだよ」）

問　□にあてはまる文を、次から選《えら》び、記号で答えなさい。

ア　もっとお金をかせぎなさい。

イ もっとひまになりなさい。
ウ もっと遠くに行きなさい。
エ もっと忙しくしなさい。

（　　）

3 次の文章を読んで、あとの問いに答えなさい。

言葉には、大人たちの犯《おか》しやすい誤解《ごかい》があります。

私《わたし》たちは、頭の中のイメージを人に伝《つた》えるとき、つい、自分のイメージを正確《せいかく》に表現《ひょうげん》することに熱中《ねっちゅう》してしまいがちです。自分のイメージを表す言葉たちを見つけ出し、ひたすら*理詰《りづ》めで重ねる。人によっては、ほとんどヒステリックなまでに熱中《ねっちゅう》してしまいます。

けれど、会話における言葉は本来、語り手のイメージを表現するために使うものではないのです。言葉は、相手のイメージを喚起《かんき》させる鍵《かぎ》なのです。

（黒川伊保子《くろかわいほこ》「恋《こい》するコンピュータ」）

*理詰め＝りくつを無理《むり》に押《お》しつけること。

問　この文章の結論となる一文をぬき出し、最初と最後《さいご》の三字を答えなさい。

［　　　］～［　　　］

4 次の文章を読んで、あとの問いに答えなさい。

効率《こうりつ》が重視《じゅうし》される農業の近代化の時代になると、生け垣《がき》の補修《ほしゅう》が行われなくなった。農地の大規模化《だいきぼか》にとって生け垣は邪魔者《じゃまもの》でしかない。そのため、古い時代から維持《いじ》され、さまざまな恵《めぐ》みをヒトと動植物の両方に与《あた》えてきた多くの生け垣が取り払《はら》われた。

しかし、実は生け垣は*無用《むよう》の長物ではなかったのである。それに気づいたのは生け垣を失《うしな》ってからであった。生け垣とともに、害虫《がいちゅう》を食べる鳥の生息場所が失われ、病害の発生を抑制《よくせい》する捕食者《ほしょくしゃ》の働《はたら》きが失われた。土が風で飛《と》ばされて土壌《どじょう》が浸食《しんしょく》されるようになった。生け垣が取り払われた農地は一見効率《こうりつ》よい農業の場のようにも見えるが、単純化《たんじゅんか》した不健全《ふけんぜん》な生態系《せいたいけい》なのである。こうして、英国《えいこく》では［　］の機運《きうん》が高まり、先に述《の》べた農業環境政策《かんきょうせいさく》の転換後《てんかんご》、生物多様性保全《ほぜん》上の重要性《じゅうようせい》が高い生け垣が再生《さいせい》されている。

（鷲谷《わしたに》いづみ「自然再生」）

*無用の長物＝いらないもの。じゃまになるもの。

問　［　］にあてはまる語句《ごく》を、次から選び、記号で答えなさい。

ア 生け垣撤廃《てっぱい》　イ 生け垣再生
ウ 農地拡大《かくだい》　エ 農業の効率化

（　　）

ステップ 2

勉強した日　月　日

時間	25分
合かく点	70点
得点	点

1 次の文章を読んで、あとの問いに答えなさい。

「神経《しんけい》」という言葉は＊頻繁《ひんぱん》に使われるが、わたしたちは実際《じっさい》の神経を滅多《めった》に目にすることがない。親知らずを抜《ぬ》いた時に「これが神経です」と言いながら歯医者さんが細い糸のようなものを見せてくれた。それ以外《いがい》、神経を見た記憶《きおく》がない。

　ドイツ語でも日本語と同じでよく、「あの人、神経にさわる」というようなことを言う。その人がわたしの解剖《かいぼう》学的《がくてき》な意味での神経に接触《せっしょく》したわけではない。また、「神経が擦《す》り減《へ》った」と感じる時、何ミリ擦り減ったのか、医者に測《はか》ってもらうことはできない。それでもわたしたちは、「神経」という言葉を使う時、［①］。「あの人、無《む》神経な人なのよ」などと言い放ったりもする。医学的に見れば、無神経な人、つまり神経のない人などいるはずがない。

　更《さら》に不思議《ふしぎ》なことに「神経」という日本語はオランダ語の「zenuw」を訳《やく》して生まれた単語《たんご》だそうで、杉田《すぎた》玄《げん》白《ぱく》たちが訳した＊『解体新書《かいたいしんしょ》』に初《はじ》めて姿《すがた》をあらわした。現代人《げんだいじん》の生活は「神経」という言葉なしでは語れない。でも、神経という［②］のなかった例《たと》えば平安《へいあん》時代の人たちは、神経にさわるものに出くわした時、何と表現《ひょうげん》したのだろう。

　『枕草子《まくらのそうし》』にも「神経にさわるもの」を集めた章はない。敢《あ》えて言えば「にくきもの」が近いかもしれない。硯《すずり》に髪《かみ》の毛が入ってしまったことに気づかず、すってしまった時、長居《ながい》して帰らない客、つまらない話をもったいぶって話し続ける人につかまった時など、現代人《げんだいじん》なら「［③］」と感じるのではないか。でもそういう不快《ふかい》さを自分の身体内部の「神経」という場所にひきよせて痛《いた》みを感じるのではなく、「にくい！」とつき放すところに平安時代の健康《けんこう》さを感じる。

　慣用句《かんようく》の中の「神経」は＊隠喩《いんゆ》なのに、それを実際存在《じっさいそんざい》する神経と重ねすぎることで本当に病気になってしまうこともあるのではないのか。「病は気から」ならぬ「病は言葉から」である。［④］

（多和田葉子《たわだようこ》「言葉と歩く日記」）

＊頻繁＝しょっちゅう。
＊『解体新書』＝日本ではじめての、西洋医学を訳した本。
＊隠喩＝例《たと》える形を使わずに、ほかのものにたとえる表現《ひょうげん》。

(1) [①]にあてはまる文を、次から選《えら》び、記号で答えなさい。(20点)

ア なんとも言えないあたたかみを感じている。
イ とてもあいまいで、不思議《ふしぎ》な感覚《かんかく》を覚《おぼ》える。
ウ 世界がぐるぐると回っているかのような気がする。
エ かなり具体的、身体的に、神経の存在を感じている。

（　）

(2) [②]にあてはまる二字の言葉を、文章中から書きぬいて答えなさい。(20点)

(3) [③]にあてはまる言葉を、次から選び、記号で答えなさい。(20点)

ア 神経にさわる　　イ 神経が擦り減った
ウ 神経がない　　エ これが神経だ

（　）

(4) ――線「平安時代の健康さ」とは、どういうことですか。次から選び、記号で答えなさい。(20点)

ア 「神経」という言葉のなかった時代の人々の無神経さ。
イ 不快さを身体の一部に引きよせて感じることをしなかった時代の人々の健全《けんぜん》さ。
ウ 不快なものを「にくい」と表現していた時代の人々のあらっぽさ。
エ 長居して帰らない客に不快感を覚えた時代の人々のありふれた感覚。

（　）

(5) [④]には、この文章の結論《けつろん》となる文が入ります。次から選び、記号で答えなさい。(20点)

ア 「神経」のように解剖学で使われる言葉の知識《ちしき》を増《ふ》やすことは、小説《しょうせつ》の表現を豊《ゆた》かにするのに役に立つかもしれない。
イ 現代人《げんだいじん》は「神経」という単語を使うのはやめて、代わりに「にくい！　にくい！」を連発《れんぱつ》してみたらいいかもしれない。
ウ このように不思議が多すぎるので「神経」という単語そのものが、ある意味「神経にさわる」のかもしれない。
エ 現代人の不健康さは、解剖学的に神経をくわしく調べることで、解明《かいめい》できるのかもしれない。

（　）

ステップ3

時間 45分
合かく点 70点
得点 点

勉強した日 月 日

1 次の文章を読んで、あとの問いに答えなさい。

私《わたし》が生まれたのは日本におけるテレビ初《はつ》放送の直前だが、幼《おさな》いころは家にテレビも電話も風呂《ふろ》もなかった。子《こ》供《ども》たちは格好《かっこう》の遊び場だった神社の境内《けいだい》で日が暮《く》れるまで遊び、主婦《しゅふ》たちは文字通り井戸端会議《いどばたかいぎ》をしていた。開けっぱなしの勝手口から、大人も子供も家族もそうでない者も、自由に出入りした。奥《おく》、といっても大して広くもない家だからたかが知れているが、①一応《いちおう》奥にいる父に向かって、近所のおじさんが「ちょっと上がらしてもらうよ」と言いながら家の中に入ってきた。

昭和《しょうわ》三〇年代前半の記憶《きおく》だ。東京は板橋区《いたばしく》、駅前の商《しょう》店街《てんがい》を抜《ぬ》けた所にある新興住宅地《しんこうじゅうたくち》だった。この時代を懐《なつ》かしんで唐突《とうとつ》に描写《びょうしゃ》を始めたわけではなく、「させていただく」のカジュアル版《ばん》、すなわち、親しい間柄《あいだがら》で使う「させてもらう」「さしてもらう」などを昔よく聞いたことを思い出したからだ。

ところで、おじさんは「上がらしてもらうよ」と断《ことわ》りつつも、実際《じっさい》には言い終わらぬうちに履物《はきもの》を脱《ぬ》いでいる。許可《きょか》を得《え》て初《はじ》めて上がるのではなく、返事も待たずに勝手に上がっているのだ。つまり、相手の[②]を得て何かをする、そしてそのことを[③]思う、という「させてもらう」のそもそもの使い方からは、ずれている。

おじさんには、[④]ことがわかっている。⑤遠慮《えんりょ》の要《い》らない間柄なのだ。黙《だま》って上がり込《こ》んだりしないのは、「親しき仲《なか》にも礼儀《れいぎ》あり」だからだ。「いるかい？ 上がるよ」だけのこともあるが、「させてもらう」も自然《しぜん》に出てくる。「受け入れてくれてありがとう」という感謝《かんしゃ》の気持ちを予《あらかじ》め示《しめ》しておこうということなのだろう。

こうした前提《ぜんてい》の上で使われる「[⑥]」は、現在《げんざい》に至《いた》るまで⑦耳障《みみざわ》りだという批判《ひはん》を受けていない。それに対して、親しくない相手に用いる、敬語《けいご》の「[⑧]」のほうは、しばしば非難《ひなん》の対象《たいしょう》となる。当人は*謙遜《けんそん》して言っていると思うのだが、なぜ？ へりくだって相手を立てているのに、なぜ？

（野口恵子《のぐちけいこ》「バカ丁寧化《ていねいか》する日本語」）

*謙遜＝ひかえ目な様子。

(1) ——線①「一応奥にいる」とありますが、「奥にいる」ではなく「一応奥にいる」となっているのはなぜですか。答えなさい。(10点)

(2) 第一段落《だんらく》で、筆者が小さかったころの家の様子を取り上げているのはなぜですか。次から選《えら》び、記号で答えなさい。（5点）

ア 昭和の時代が懐かしくなったから。

イ テレビのない時代の近所づきあいがどのようなものだったか示したかったから。

ウ 最近批判《さいきんひはん》されている「させていただく」に近い言い方が使われる場面を例《れい》にしたかったから。

エ 大人も子供も、当時と今とではまったくちがってしまったということを強調したかったから。

（　　）

(3) ② にあてはまる言葉二字、③ にあてはまる言葉を五字でそれぞれ答えなさい。（5点）

② □□　③ □□□□□

(4) おじさんには何が「わかっている」のですか。④ に入る言葉を十五字以内で答えなさい。（10点）

□□□□□□□□□□□□□□□

(5) ――線⑤「遠慮の要らない」の意味を表す慣用句《かんようく》を、次から選び、記号で答えなさい。（5点）

ア 気が置《お》ける　イ 気をきかせる

ウ 気が置けない　エ 気を配る

（　　）

(6) ⑥ と ⑧ に「させていただく」「させてもらう」のどちらかを入れて答えなさい。（10点）

⑥（　　）　⑧（　　）

(7) ――線⑦「耳障り」という言葉の意味を次から選び、記号で答えなさい。（5点）

ア 聞こえにくい。

イ 聞いて不快《ふかい》に感じる様子。

ウ 意味が伝わらない。

エ 聞くときにじゃまになる。

（　　）

❷ 次の文章を読んで、あとの問いに答えなさい。

植物界には、そんなアリをボディガードに雇《やと》っているものがある。なにしろ昆虫《こんちゅう》の中には、植物を食べようと狙《ねら》う悪い*輩《やから》が多いのだ。

「こんなこともあろうかと、①*用心棒《ようじんぼう》を雇わせてもらったよ。先生、お願《ねが》いします」と植物が言っているのかどうかは知らないが、植物に害《がい》虫《ちゅう》が寄《よ》りつこうとすると、アリがやってきて追っ払《ぱら》ってくれるのである。

もちろん、アリもタダでは働《はたら》かない。植物が出す蜜《みつ》といえば花の蜜が一般的《いっぱんてき》だが、アリを雇った植物は、葉の付《つ》け根など花以外《いがい》の場所に「花外*蜜腺《みつせん》」と呼《よ》ばれる蜜腺を持っている。この蜜がアリに［ ② ］として与《あた》えられるのだ。花外蜜腺は何も特別《とくべつ》な植物が持つ仕組みではない。ソラマメやサクラ、アカメガシワ、イタドリ、サツマイモなど誰《だれ》もがよく知っている身近な植物も、よく見ると葉の付け根などに蜜腺があってアリが集まっている。種《しゅ》類《るい》は違《ちが》えど、どの植物もアリを雇い入れようと懸命《けんめい》なのだ。

もっともアリにしてみれば、植物を守ってやるという気持ちはさらさらないだろう。ただ、アリは［ ③ ］を守ろうと、昆虫を追い払《はら》うだけである。まさに金で雇われた用心棒なのだ。

アリに守ってもらうのは、茎《くき》や葉だけにとどまらない。植物にとって大切な種子《しゅし》をアリに*託《たく》す植物もある。その一例《いちれい》はカタクリである。森の中の種子は常《つね》に危険《きけん》にさらされている。ネズミやナメクジが地面に落ちた種子《しゅし》を食べようといつも狙《ねら》っているからだ。

親元を離《はな》れたか弱きカタクリの種子が、今まさに④迫《せま》り来る*暴徒《ぼうと》に襲《おそ》われようとしている。そこに登場したのが誰あらん、一匹《いっぴき》のアリである。アリはカタクリの種子を口にくわえると、その場を離《はな》れ、安全な自分の⑤巣《す》に種子を連《つ》れ帰ってくれたのである。危機一髪《ききいっぱつ》のところを救《すく》われた小さな命。「アリさん、助けてくれてありがとう」とカタクリの種子が*健気《けなげ》にお礼を言っているかどうかは知らないが、内心はきっと⑥ほくそ笑《え》んでいることだろう。

実は、すべてはカタクリの計算どおりなのだ。

カタクリの種子には「エライオソーム」というアリの好物《こうぶつ》のゼリー状《じょう》の物質《ぶっしつ》が付着《ふちゃく》している。アリはこの餌《えさ》を目当てにカタクリの種子を巣《す》に運び込《こ》んだのだ。餌を運んできたつもりが、一緒《いっしょ》に種子までついてきた、というのがアリの偽《いつわ》らざる感想だろう。その結末《けつまつ》は「おまけ」欲《ほ》しさにいらないお菓子《かし》を買ってしまった子どもと大して変《か》わらない。もっとも、アリだってエライオソームという十分な報酬《ほうしゅう》をもらっているから、カタクリの種子を運んだことを後悔《こうかい》はしていないだろう。

（蓮実香佑《はすみこうすけ》『植物』という不思議《ふしぎ》な生き方」）

＊輩＝者ども。
＊用心棒＝身を守るために、雇った人。
＊蜜腺＝花粉《かふん》が出てくる部分。
＊託す＝預《あず》ける。
＊暴徒＝集まって、暴《あば》れる人。
＊健気＝力の弱い人が、がんばっている様子。

(1) ——線①「用心棒を雇わせてもらったよ」とは、植物が何に、何をしてもらうことですか。（　）に合う言葉をそれぞれ答えなさい。（10点）

植物が（　　　　）に（　　　　）こと。

(2) ② にあてはまる言葉を、次から選《えら》び、記号で答えなさい。（5点）

ア 蜜　イ 金　ウ 餌　エ お菓子

（　　）

(3) ③ にあてはまる言葉を、次から選び、記号で答えなさい。（5点）

ア 旨《うま》みのある餌場　イ きずなで結《むす》ばれた仲間《なかま》
ウ ここちよい居《い》場所　エ 弱い立場の者

（　　）

(4) ——線④「迫り来る暴徒」とは何ですか。具体的《てき》に二つ答えなさい。（10点）

（　　　　）（　　　　）

(5) ——線⑤「巣に種子を連れ帰ってくれた」とありますが、アリはなぜ種子を巣に持ち帰るのですか。答えなさい。（15点）

（　　　　　　　　）

(6) ——線⑥「ほくそ笑んでいる」の意味を、次から選び、記号で答えなさい。（5点）

ア おおげさに笑《わら》っている。
イ 不満《ふまん》だが笑っている。
ウ うらやましそうに笑っている。
エ 思わず満足《まんぞく》そうに笑っている。

（　　）

14 物語を読む (1)

学習のねらい
物語を読むときには、あらすじや場面をとらえ、描写《びょうしゃ》から人物の心情《しんじょう》を想像《そうぞう》します。登場人物の性格《せいかく》は物語を通じて描写されるので、全体的《てき》にとらえることが必要《ひつよう》です。

勉強した日　月　日

ステップ 1

1 次の文章を読んで、あとの問いに答えなさい。

鳳仙花《ほうせんか》で爪《つめ》を染《そ》めていたよね、と作並《さくなみ》くんが言えば、実がはじけて種《たね》が飛《と》び散《ち》るのを待っていたわね、と母が続《つづ》ける。白粉花《おしろいばな》の蜜《みつ》を吸《す》ったのを覚《おぼ》えている？　と彼女《かのじょ》が尋《たず》ねれば、甘《あま》過《す》ぎて気持《きもち》が悪くなっただけ、と彼《かれ》は思い出して笑《わら》う。露草《つゆくさ》を洗面器《せんめんき》の水の中でつぶして色水を作った時には、と彼が見詰《みつ》めれば、コップに入れて乾杯《かんぱい》した、と彼女は見詰め返す。それ、飲んじゃったの？　と私《わたし》が口をはさんだら、二人は同時に、飲まないままだった、と呟《つぶや》いた。

（山田詠美《やまだえいみ》「海の庭」）

問　「母」と「作並くん」の間柄《あいだがら》を、次から選《えら》び、記号で答えなさい。

ア　親子　　イ　仕事仲間《なかま》
ウ　幼《おさな》なじみ　　エ　顔見知り

（　　）

2 次の文章を読んで、あとの問いに答えなさい。

真夜中に幽霊《ゆうれい》はどんな曲をひくのだろう。考えてみる。

絵を描《か》くことは大好《だいす》きだけれど、音楽は苦手で、メロディの断片《だんぺん》さえうかんでこなかった。ただ、陽気な曲ではないだろう。テンポの緩《ゆる》やかな、どこか寂《さび》しげな曲。

「『蛍《ほたる》の光』かな」

それしか思い浮《う》かばなかった。藍子《らんこ》が瞬《まばた》きをする。それから、<u>白い歯を見せた。</u>笑《わら》われることに慣《な》れてはいたけれど、良い思い出など一つもない。けれど、眼前《がんぜん》の笑《え》顔《がお》には嘲《あざけ》り＊も侮蔑《ぶべつ》＊も含《ふく》まれず、ただ笑いたくて笑ったんだという単純《たんじゅん》な美しさがあった。

そんな風《ふう》に美しく笑める人を絵美《えみ》は初《はじ》めて目にしたのだ。

（あさのあつこ「薄桃色《うすももいろ》の一瞬《いっしゅん》に」）

＊嘲り＝ばかにして笑う。　＊侮蔑＝相手を低《ひく》く見る。

問　——線は、どのような表情《ひょうじょう》ですか。次から選び、記号で答えなさい。

ア　あざけるような冷笑《れいしょう》　　イ　あいまいな作り笑い
ウ　とまどった苦笑　　エ　純粋《じゅんすい》な笑み

（　　）

3 次の文章を読んで、あとの問いに答えなさい。

白樺《しらかば》の切り株《かぶ》を彫《ほ》って、ラッカー*の黒い塗料《とりょう》をながしたホーム・メイドの表札《ひょうさつ》は、なかなかしゃれていていいのだが、どうも気になるのだった。

知らない人が見たら、岡野信幸《おかののぶゆき》というのがこの家の主人で、花子というのは、そのおくさんにちがいないと思うだろう。

ところが、表札の上の段《だん》で気取っちゃってる岡野伸幸という人物は、通称《つうしょう》〝のっくん〟で通っている六年生のこのぼくなのだ。

おとなしそうに下にならんでいる岡野花子は、図書館の児童室《じどうしつ》を担当《たんとう》する自称《じしょう》ベテラン司書《ししょ》で、三十七歳《さい》をむかえたばかりのぼくの母親である。

（山花郁子《やまはないくこ》「12歳ぼくの行動計画」）

＊ラッカー＝色を付《つ》けるために塗《ぬ》るもの。

問　——線の「表札」は、どんな表札ですか。次から選び、記号で答えなさい。

ア 夫《おっと》の名が上、妻《つま》の名が下に書かれた表札。
イ 妻の名が上、夫の名が下に書かれた表札。
ウ 母の名が上、息子《むすこ》の名が下に書かれた表札。
エ 息子の名が上、母の名が下に書かれた表札。

（　　）

---

4 次の文章を読んで、あとの問いに答えなさい。

ある日、りっぱな背広《せびろ》を着たきつねの紳士《しんし》と、真珠《しんじゅ》のネックレスをつけたうさぎの婦人《ふじん》が、豚小屋《ぶたごや》にやってきました。うさぎの婦人は香水《こうすい》をつけたハンカチをはなのまえでヒラヒラさせて、きつねの紳士のうしろにかくれるようにしていました。

きつねの紳士は、豚小屋のまえで、「ごめん」といいました。

豚は「はあ」といって、豚小屋からでてきました。

「あら、こまってしまう」とうさぎの婦人はまっ赤《か》になって、ハンカチを目にあてました。豚が、パンツをはいていなかったからです。

「ここは、だれの土地なのですか」ときつねの紳士はいいました。

豚はポカンとしていました。

「ぼくはずっと、ここにすんでいますが」と豚はいいました。

（佐野洋子《さのようこ》「あっちの豚　こっちの豚」）

問　「きつねの紳士」「うさぎの婦人」と「豚」のちがいはなんですか。次から選び、記号で答えなさい。

ア 言葉を話す。　**イ** 香水をつける。
ウ 服を着ている。　**エ** はずかしいことをする。

（　　）

ステップ 2

時間 25分　合かく点 70点　得点　　点

勉強した日　　月　　日

1 次の文章を読んで、あとの問いに答えなさい。

ヘッドハンティングされていきなり辞《や》めてしまった上《じょう》司《し》の代わりに※上海《シャンハイ》に出店する美容総合《びようそうごう》ビルの責任者《せきにんしゃ》として四ヶ月間の長期出張《しゅっちょう》が決まったと母から聞かされたのは、昨夜遅《さくやおそ》くだった。このプロジェクトに最初《さいしょ》っから関《かか》わっているのはあたしだけだし、これをやり遂《と》げたら企画室長《きかくしつちょう》だって夢《ゆめ》じゃない、そしたら長年温めてきた企画《きかく》をいろいろ出していける、こんなチャンスをみすみす逃《のが》すわけにはいかないの、依子《よりこ》わかって。北海道《ほっかいどう》のお祖父《じい》ちゃんとところへ行って。お祖母《ばあ》ちゃんに面倒《めんどう》見てもらって。

お祖父ちゃんのところへ行け？ なんで私《わたし》がここを離《はな》れなくちゃならないの？

①だって依子を四ヶ月間も一人でここに置《お》いておけないじゃない。家政婦《かせいふ》さんを雇《やと》う余裕《よゆう》なんてないし。っていうより、そんなに信頼《しんらい》できる家政婦さんがすぐ見つかるとも思えないし。

だったらまずお父さんのところへ行けって言うもんじゃないの？

私がそう言うと、母は少し困《こま》った顔をして、行きたいの？ と訊《たず》ねた。

べつに行きたいわけじゃないから黙《だま》っていたら、母は、②どっちでもいいのよ、と言った。

どっちでもいいのよ、依子が行きたいんなら、福岡《ふくおか》でもいいの。いいんだけどね、どちらかといえば、北海道の方が現実的《げんじつてき》じゃない。お祖父ちゃんもお祖母ちゃんも家にいるんだし。③二人とも喜《よろこ》ぶだろうし。

学校はどうすんのよ、とぶっきらぼうに私は訊ねた。

休めばいいじゃない、と[④]母は答えた。

そしたら留年《りゅうねん》しなくちゃならなくなるよね。うんざりしながら、不機嫌《ふきげん》な声で母に言った。⑤この人は、そんなこともわからないの？

どうして？ 休学届《とど》けを出せばいいんじゃないの？

わからないんだ、と私は思った。それとも、わからないふりをしているだけ？ あのね、お母さん、休学届けを出して、四ヶ月休んだらどうなると思う？

私が疑問《ぎもん》を投げかけると母は、頬杖《ほおづえ》をついて[⑥]考えた。

⑦よくわからないけど、四ヶ月も休学すると、やっぱり進級は無理《むり》なのかしら？

無理っしょ、と私は冷《つめ》たく言った。うちの学校、けっこう厳《きび》しいんだよ？ ⑧一年の三分の一も欠席《けっせき》して、進級を許《ゆる》してくれるとは思えないんだけど。

だったら転校すれば？ と、母が頬杖をはずして言った。四ヶ月向こうの学校に通って、またこっちに戻《もど》ってきたらいいじゃない。

ばっかじゃない？ そんな都合よく出たり入ったり出来るわけないでしょ。

めんどくさいのねえ、と母は言った。じゃあ、上海に来る？

だからー、と私は母に顔を近づけた。どれを選択《せんたく》してもこの学校でこの学年を続《つづ》けられないってことでしょ。いやだよ、そんなの。ねえ、お願《ねが》い。 ⑨ 。私、このままここにいたい。

そう言ったら、母は心底《しんそこ》 ⑩ したという顔で私を見て、どうしてそんないじわる言うのよ、そんなことできっこないでしょ、と怒《おこ》った声を出した。あたしの人生がかかってるのよ。

つづきはきっとこう。あんたになんて邪魔《じゃま》されてたまるもんですか。言わなかったけど、母は。

（大島真寿美《おおしまますみ》「青いリボン」）

＊上海＝中国の都市の名前。

---

(1) ——線①・③・⑤・⑦・⑧のうち、会話ではないものを一つ選《えら》び、番号で答えなさい。(20点)

（　　）

(2) ——線②「どっちでもいいのよ」の「どっち」とは、どことどこのことですか。（　）にあてはまる言葉を答えなさい。(30点)

（　　）のいる（　　）と、（　　）のいる（　　）。

(3) ④・⑥・⑩にあてはまる語を、次からそれぞれ選び、記号で答えなさい。(30点)

ア びっくり　イ のんきに　ウ ぼんやり　エ すっきり

④（　）⑥（　）⑩（　）

(4) ⑨にあてはまる言葉を、次から選び、記号で答えなさい。(20点)

ア お祖父ちゃんに来てもらってよ
イ お父さんといっしょに住んでよ
ウ 上海断《ことわ》ってよ
エ 休学届けを出してよ

（　　）

15 物語を読む（2）

学習のねらい

物語では場面の状況《じょうきょう》や心情《しんじょう》が、直接《ちょくせつ》書かれているとはかぎりません。書かれている会話と会話、人物と人物、出来事と出来事などの関《かか》わり合いから読み取ることが必要《ひつよう》です。

勉強した日　月　日

ステップ1

1 次の文章を読んで、あとの問いに答えなさい。

「だって、となりの和《かず》ちゃんたら、いきなりひかれたなんていうんですもの。わたし、ほんとにびっくりしたのよ」

「だれがひかれたんだい？」

「父さんがよ」

「なんでそういうことになったんだい。ははーん、和ぼうはラッパのことといったんだな」

「なあーんだ。そういえばラッパっていってたっけ」

「あわてるな、団地《だんち》の道から大通りにぬける曲《まが》り角で、バイクにぶつかりそうになったんだ。そのときに商売道具のだいじなラッパをおっことしちゃったのさ。ごていねいにこのとおり、自分で自分のラッパをふんづけちまったよ」

（山花郁子《やまはないくこ》「みどりの風のように」）

問　この会話は、だれとだれの間でかわされていますか。次から選《えら》び、記号で答えなさい。

ア 女の子と母親　イ 女の子と友だち
ウ 女の子と兄　エ 女の子と父親

（　　）

2 次の文章を読んで、あとの問いに答えなさい。

<u>とる</u>のはもっぱら、トシをとってますますあまえんぼうになった、オレンジ＊です。るいさんは、いつもケイタイを首からぶらさげていて、シャッターチャンスをにがしません。でも、オレンジは、「ほら、みてごらん、おまえかわいいねえ」と、写真をみせても、鼻をよせてにおいをかぐだけ。それでもみせようとすると、ケイタイにパンチをくらわせるのです。

（望月正子《もちづきまさこ》「あの世からのメール」）

＊オレンジ＝ねこの名前。

問　何を――線「とる」のですか。次から選び、記号で答えなさい。

ア 年　イ 休み　ウ 写真　エ 栄養《えいよう》

（　　）

3 次の文章を読んで、あとの問いに答えなさい。

その日の夜、封筒《ふうとう》のなかにおつりと一緒《いっしょ》に手紙を入れた。手紙といっても、電話のところに置《お》いてある、郵便《ゆうびん》局《きょく》でもらったメモ用紙に書きつけただけのものだ。

母さんへ
バットを買ってくれてありがとう。かっこいいから、みんながうらやましがっていました。だいじに使います。今日はじめて打てました。三回打てました。おつりとレシート入っています。
光輝《みつき》

その日は母さんから、今日は帰りが遅《おそ》くなるから先に寝《ね》てて、という電話があった。だからぼくは、バットのお礼をメモに書いたのだ。これだけ書くにも、四枚《よんまい》もメモ用紙を無駄《むだ》にして一時間以上《いじょう》もかかってしまった。ぼくはそれを何度も読み直して、まちがいがないことを確認《かくにん》し、なかなかよく書けてる、と自分ながらに少しばかり感心して、今日は[ ]と思って、布団《ふとん》に入った。

（椰月美智子《やづきみちこ》「しずかな日々」）

問 [ ]にあてはまる言葉を次から選び、記号で答えなさい。

ア ふしぎな日だった　イ とても良《よ》い日だった
ウ 大変《たいへん》な一日だった　エ 最悪《さいあく》の日だった
（　　）

---

4 次の文章を読んで、あとの問いに答えなさい。

おばあちゃんがいなくなって、父さんもいなくて、母さんは仕事をしなければいけない。それもわかっていた。だから、沙菜《さな》のめんどうを洵《じゅん》はずっとみてきた。母さんの帰りがおそいときは、いっしょの布団で寝《ね》たし、保育《ほいく》園《えん》に毎日、お迎《むか》えにもいった。めんどうくさいし、たいへんだし、いやだなと思うことも度々《たびたび》あった。でも沙菜はかわいい。お迎えにいくと、「おねえちゃん」って駆《か》け寄《よ》ってくる。「朝はね、ママといっしょで、お帰りはおねえちゃんといっしょなんだよ」なんて、ほかの子に自慢《じまん》したりする。沙菜は、かわいい。それに柔《やわ》らかくて温かだ。お棺《かん》の中のおばあちゃんみたいに、冷《つめ》たくもかたくもない。[ ]。

（あさのあつこ「風の館《やかた》の物語」）

問 [ ]にあてはまる文を、次から選び、記号で答えなさい。

ア 活発なのだ　イ 生きているのだ
ウ 保育園児《えんじ》なのだ　エ 待っているのだ
（　　）

ステップ2

勉強した日　月　日

時間 25分　合かく点 70点　得点　点

1 次の文章を読んで、あとの問いに答えなさい。

「一年生を迎《むか》える会のとき、くす玉作って喜《よろこ》ばせたろって提案《ていあん》してくれたんはええで。けど、なんで作るのはわたしらで、割《わ》るのは川瀬《かわせ》くんなわけ？」

「お楽しみ会のときかてそうや。川瀬の作ったしょうもないコント、無理《むり》やりやらされる身にもなってえや」

「そやそや、なにが『チーターが崖《がけ》からおっこチーター』やっ！」

「『ベートーベンが弁当《べんとう》食べてる』っていうのも、ビミョーすぎたし」

「川瀬くんが一生懸命《いっしょうけんめい》やから言い出しにくかったけど、ほんまはかなり引いてたんやで！」

①みなの発言をうなずいて聞いていた春香《はるか》が、最後《さいご》にこう言い放った。

「圭介《けいすけ》、これでわかったやろ。あんたのやることはな、ありがた迷惑《めいわく》やねん！」

ぼくは少なからずショックを受けた。イベントのたんびに、ぼくがどんだけ苦労《くろう》して企画《きかく》したと思てるねん。くす玉くらいぼくが割ってもええやないか。あのコントかって、自分ではけっこう自信作《じしんさく》やってんぞ。

ショックのあまり口がきけなくなっていたら、友だちの宏人《ひろと》と目があった。三年のときに転校してきた宏人。しょっちゅういっしょにゲームとかしてる。体は大きいけど気は小さいやつで、ちょっとボーッとしたとこもある。なにかと世話を焼《や》いてやったら、ぼくのこと頼《たよ》りにするようになって、まあ弟分みたいな存在《そんざい》や。

②宏人やったら当然《とうぜん》味方してくれるやろ。そう思って、「タスケテクレ」の視線《しせん》を送ったのに、宏人はキョトキョトと目を泳がせた。そして、いかにも言いにくそうにつぶやいた。

「圭介……、これからは、③……」

ぼくは冷たい手ぇで、心臓《しんぞう》をぺちゃっと触《さわ》られたような気持ちになった。宏人にまで、そんなふうに思われてたんか……。

なあ、空気って読めるんか？

読めるもんなんか？

どこに書いてあんねん、教えてくれや。

この教室の空気に書いてあった「④」って字ぃを、ぼくはひとつも読まれへんかった。そやけど、みんなは読めるらしい。形もない、音もない、目にも見えんようなものを、ちゃんと読んでるらしい。⑤。

ぼくはアホや。ほんまにアホや。なんでこんなにアホなんやろう。

勉強もできへんし、自慢《じまん》できるほどの特技《とくぎ》もあれへんし、顔がええわけでもない。クラスを盛《も》り上げることが唯一《ゆいいつ》の特技やと思うてたけど、それもちがってた。みんなはありがた迷惑やったか知らんけど、ぼくはめっちゃ傷《きず》ついたんや。

（安田夏菜《やすだかな》「あしたも、さんかく」）

(1) ――線①「みなの発言」とありますが、どんなことですか。次から選《えら》び、記号で答えなさい。(20点)

ア イベントの企画を人まかせにしてばかりだ。
イ クラスのイベントに参加《さんか》しようとしない。
ウ イベントを提案《ていあん》した人に口出しばかりする。
エ イベントを提案してクラスを巻《ま》き込《こ》むが、自分だけが楽しんでいる。

（　　）

(2) ――線②「宏人やったら当然味方してくれる」とありますが、なぜそう思ったのですか。次から選び、記号で答えなさい。(20点)

ア 宏人は転校生で、みんなとはちがうはずだから。
イ 宏人は親切で、人助けをしたがるから。
ウ 宏人は人の悪口を言わない、温和な性格だから。
エ 宏人は自分がめんどうを見てきた弟分だから。

（　　）

(3) ③にあてはまる言葉を、次から選び、記号で答えなさい。(20点)

ア みんな春香にまかせたらええやん
イ もっとええことしたらええねん
ウ ちょっと空気読んだらええんちゃう
エ いつもみんなの意見きいたらええんや

（　　）

(4) ④にあてはまる言葉を、次から選び、記号で答えなさい。(20点)

ア 苦労　　イ 一生懸命
ウ ありがた迷惑　　エ 言いにくそう

（　　）

(5) ⑤にあてはまる文を、次から選び、記号で答えなさい。(20点)

ア 誰《だれ》ひとり、読まれへん
イ 読まれへんのはぼくだけや
ウ 読めるやつも、読まれへんやつもおる
エ 誰でも読めることや

（　　）

16 随《ずい》筆《ひっ》を読む

学習のねらい
筆者が体験した出来事や昔の思い出をもとに、感じたり考えたりしたことが書かれているのが随筆です。どんな出来事があって、著者《ちょしゃ》がどう感じたのかに注目します。

勉強した日　　月　　日

ステップ1

❶ 次の文章を読んで、あとの問いに答えなさい。

アマチュアとは、何よりも精神《せいしん》のありかたをいう。素人《しろうと》という訳語《やくご》よりも、言葉の本来の意味によって、愛好家《あいこうか》とするほうがふさわしいようだ。つまりアマチュアとは、限定《げんてい》された事物にではなく、人間の出会うさまざまのことに潑剌《はつらつ》*たる興味《きょうみ》をいだく*ような精神のありかたをいう。

古くは寺田寅彦《てらだとらひこ》のように、科学者にして優《すぐ》れたエッセイの書き手であった例《れい》は少なくない。その場合、著者《ちょしゃ》は専門知識《せんもんちしき》を大いに活用しつつも、［　　］のであろう。そのときはじめて、解説《かいせつ》ではなくエッセイがうまれたにちがいない。

（鶴ケ谷真一《つるがやしんいち》「エッセイと随筆《ずいひつ》」）

*潑剌＝元気がよい。生き生きとしている。
*いだく＝もつ。

問　［　　］にあてはまる文を、次から選《えら》び、記号で答えなさい。

ア　事実を正確《せいかく》にとらえ、ありのままに描《えが》き出そうとする作家としての意識《いしき》をもった
イ　専門外の豊富《ほうふ》な知識《ちしき》も同時に活用し、深く分析《ぶんせき》しようとする批評家《ひょうか》としての精神をもった
ウ　専門家という意識をいったん離《はな》れ、森羅万象《しんらばんしょう》を眺《なが》めるアマチュアとしての目をもった

（　　）

❷ 次の文章を読んで、あとの問いに答えなさい。

［　　］はお気に入りの木があって、親類《しんるい》友人群《む》れの全部が、一本の木に寄《よ》り合っておしゃべりを始める。一羽がちっちっちっと呼《よ》ぶと、ちゅんちゅんと次々に寄ってきて、あとはあたりかまわず、あきれるばかりの賑《にぎ》やかさである。一体《いったい》なにを喋《しゃべ》っているのか、つい邪魔《じゃま》をしては悪いと思いつつ、そっと覗《のぞ》いた。姿《すがた》は葉に隠《かく》れてはっきりしないが、枝《えだ》から枝へひっきりなしに動いて、木はくすぐったくて笑《わら》い声をあげているようだ。と、何に驚《おどろ》いたか一斉《いっせい》に飛《と》んで離《はな》れていった。

（青木《あおき》玉《たま》「春のそら」）

問　□にあてはまる語を、次から選び、記号で答えなさい。

ア　雲　イ　鶏《にわとり》　ウ　猫《ねこ》　エ　雀《すずめ》　（　　）

❸ 次の文章を読んで、あとの問いに答えなさい。

子どものころから、自分の父親のことをとてもかっこいいと思っていました。しかし、うちの父がどれだけかっこよかったか、外見で考えてみると、僕《ぼく》が高校生のころ還暦《かんれき》を迎《むか》えた父は、小柄《こがら》で、しっかりおなかが出ていて、髪《かみ》の毛は薄《うす》くて真っ白でした。着ているのも古ぼけたスーツ、それも母が繕《つくろ》って直した箇所《かしょ》がたくさんあるようなものでした。

でも、そんな父をやはり僕はかっこいいと思っていました。いったいなにがかっこよかったのかというと、それは父のもつ広く深い知識《ちしき》です。まわりの人たちも、あなたのお父さんは本当に頭がよくてすばらしいわね、と言ってくれましたし、僕自身も、小さなころからなにを聞いても教えてくれる父を、まさに歩く百科事典《じてん》のようなすごい人だと感じていました。

（ピーター・フランクル「ピーター流生き方のすすめ」）

問　筆者の父親の「かっこいい」点を、次から選び、記号で答えなさい。

ア　広く深い知識
イ　堂々《どうどう》とした体格《たいかく》
ウ　流行に乗った着こなし
エ　若々しい外見
（　　）

❹ 次の文章を読んで、あとの問いに答えなさい。

越水《こしみず》の原と呼《よ》ばれる草原は幸いあまり変《かわ》ってはいなかった。さらに栃《とち》の木、橅《ぶな》、白樺《しらかば》の林を抜《ぬ》けると、戸隠《とがくし》で一番奥《おく》にあるので「奥社《おくやしろ》」と呼ばれるお社《やしろ》に通ずる参《さん》道《どう》の古杉並木《すぎなみき》は、昔とまったく変《かわ》らぬたたずまいである。九世紀《せいき》半ばから伝わる*修験《しゅげん》の気配に身もひきしまる思いがする。巨木《きょぼく》や巨岩《きょがん》に昔のヒトが□を抱《いだ》いたのもうなずける。天をつく老杉は、どの木も巨大でおごそかだ。かつて少年時代の私《わたし》は、参道《さんどう》の巨木の一本一本に手の平を当てて歩いたものだ。今思えば、根もとに茂《しげ》る下草や笹《ささ》をどう踏《ふ》みわけたのだろうか。不思議《ふしぎ》な気がする。

（小塩《おしお》 節《たかし》「木《こ》かげの径《みち》」）

*修験＝山の中などで、厳《きび》しい修行《しゅぎょう》をすること。

問　□にあてはまる語を、次から選び、記号で答えなさい。

ア　恐怖心《きょうふ》　イ　敵対心《てきたい》
ウ　好奇心《こうき》　エ　信仰心《しんこう》
（　　）

ステップ2

時間 25分 合かく点 70点 得点 点

勉強した日 月 日

1 次の文章を読んで、あとの問いに答えなさい。

世に言う「バカンス」という概念《がいねん》がない。「夏の御予定《ごよてい》は」とか「連休はどうするの」といった問いに、うまく答えられたことがない。普通《ふつう》は、夏休みとか連休とかは、何か特別《とくべつ》なことをすることになっているらしい。

しかし、私《わたし》の場合、実家は同じ都内だし、実家は実家で、田舎《いなか》の親戚《しんせき》とはあまり付《つ》き合いがないしで、「里帰り」の線は、最初《さいしょ》からない。

しかも私は、もとから出不精《でぶしょう》で、人ごみや人の集まるところが、大の苦手である。人の集まるところへ、人の集まる時期に、わざわざ出かけて行く人の気が知れない。涼《すず》やかな避暑地《ひしょち》へ向かうにせよ、駅や道路の混雑《こんざつ》を、少なくとも二度は通過《つうか》しなければならないわけで、それを思うと、出かける気がそこでなくなる。

「海外」という手があるではないか、と言う人もあろう。しかし私は、その「プランニング」自体が億劫《おっくう》なのである。行先の選択《せんたく》、切符《きっぷ》や宿の手配など思うと、［①］感じがする。といって、大勢《おおぜい》のツアーに参加《さんか》する気は毛頭ないから、すべてソツなく御膳立《おぜんだ》てしてもらって、あとは御身《おんみ》ひとつでどうかいらしてください、というのでもなければ、自分から動くのはイヤである。言うところの「女王様」である。

むろん、そういうことは滅多《めった》にないから、結果《けっか》、私はあまり海外へ行かない。もちろん、行けば行ったで十分楽しいのだが、行かなくてもべつにいいかな、という感じなのである。要《よう》するに、＊内的必然性《ないてきひつぜんせい》を感じていないということであろう。

なぜ内的必然性を感じないかというと、これは間違《まちが》いなく、私の本来的な＊性癖《せいへき》によっている。②どこかに行かなくても、どこにでも行けるからである。海外へ行かなくても、宇宙《うちゅう》へ行けるからである。頭ひとつで、居《い》ながらにして宇宙旅行、長くそういう生活なので、今さら地球上をあちこちする必要《ひつよう》を感じない。

とはいえ、このような妙《みょう》な性癖も一長一短で、生きることを考えることが仕事でもある、この三つが完璧《かんぺき》に重なっているわけだから、［③］。いついかなる瞬間《しゅんかん》も、仕事といえば、仕事なのである。生きている限《かぎ》りは、考えているからである。

それで、「息が詰《つ》まってきた」、そういう感じになる時もあるから、「気分」を変《か》えることが必要になる。「考え」

は変わらなくても、「気分」は変わり得《う》るからである。

先週、伊豆《いず》の友人を訪《たず》ねて、数日を過《す》ごしてきた。待《たい》遇《ぐう》のいいことで有名な大新聞社を、昨年《さくねん》やめてしまった人である。彼《かれ》もまた、［④］タイプの人だから、なおのことあいうところは、「息が詰まった」のだろう。

（池田晶子《いけだあきこ》「頭ひとつで、居《い》ながらにして」）

＊内的必然性＝心の中でそうなることが確実《かくじつ》と考えていること。
＊性癖＝くせ。

(1) ［①］に入る言葉を、次から選《えら》び、記号で答えなさい。（25点）

ア 気が遠くなる　イ わくわくする
ウ ふしぎでならない　エ ほのぼのとした

（　　）

(2) ――線②「どこかに行かなくても、どこにでも行ける」とありますが、どういうことですか。次から選び、記号で答えなさい。（25点）

ア 計画を立てないで、気の向くままに出かけることができる。
イ 自分で手配しなくても、すべて御膳立てしてもらって好《す》きな場所に行くことができる。
ウ 頭で考えることで、宇宙を旅するようにどこにでも行ける。
エ プランニングさえととのえば、いつでも出かける用意がある。

（　　）

(3) ［③］にあてはまる文を、次から選び、記号で答えなさい。（25点）

ア 時空を貫《つらぬ》き、時空をねじ曲げ、私はここにいる、という感じである
イ 「生きている」という言い方が正確《せいかく》なのかどうかよくわからなくなる
ウ 「息抜《いきぬ》き」という時間が、この人生にはあり得《え》ない
エ 生きていることと考えることが、「息抜き」になる。

（　　）

(4) ［④］にあてはまる文を、次から選び、記号で答えなさい。（25点）

ア 自然《しぜん》の中にいることを好む
イ よく海外旅行に出かける
ウ 居ながらに宇宙旅行する
エ 世界を見る目が人と違《ちが》っている

（　　）

ステップ３

勉強した日
月　日

時間	合かく点	得点
45分	70点	点

❶ 次の文章を読んで、あとの問いに答えなさい。

次の日、もう一泊《いっぱく》するというキヨタくんに、「じゃ、マウント・ロブソンで会えたら会おう」と言って、ひと足先に逃《に》げるように出発した。

悪いヤツではなさそうだが、彼《かれ》の濃厚《のうこう》なキャラはぼくには少々負いかねる。それにカナダの大自然を、誰《だれ》にも気兼《きが》ねすることなくのんびり味わいたかったのだ。とはいっても、ぼくを見送る彼の寂《さび》しそうな目を見て、ちょっと申《もう》し訳《わけ》ない気持ちにはなったのだけど……。

カナディアンロッキーの最高峰《さいこうほう》、マウント・ロブソンに着いたのはそれから三日後だった。

インフォメーションセンターに行くとクリントン元大《だい》統領《とうりょう》に似《に》たオヤジが話しかけてきた。

「ここから山のほうに向かって、最高《さいこう》のトレッキングコースがあるんだ。ここまで来たら、そこを歩かない手はないぜ。七キロ先のキャンプ場までなら自転車でも行けるよ」

時計を見ると午後七時。日は沈《しず》みかけているが、七キロなら二十分もあれば着けるだろう。一応《いちおう》、キヨタくんあてに手紙を書いてメッセージボードに貼《は》りつけ、①急いでトレッキングコースに入った。

コースは青い小川沿《ぞ》いにのびていた。未舗装《みほそう》だが踏《ふ》み固《かた》められているので走りやすい。なるほど、クリントンの言ったとおりだ。

ところがしばらく行くと道は荒《あ》れ放題になり、急勾《きゅうこう》配《ばい》の坂が始まった。自転車から降《お》りて押《お》しながら歩く。やがて日が沈み、森には暗闇《くらやみ》が忍《しの》び寄《よ》ってきた。メーターを見ると、まだ半分も来ていない。

「②まずいぞ、これは……」

こんなところで暗くなったら身動きがとれない。熊《くま》がいるからそのへんに寝《ね》るわけにもいかない。引き返すべきかどうか激《はげ》しく*葛藤《かっとう》しながら、なおも前進を続《つづ》ける。汗《あせ》だくになってしばらく進んだところで、がく然《ぜん》となった。道は前方で崖《がけ》のように立ちはだかっており、岩や木の根が地表からボコボコと顔を出していた。それはもう絶対《ぜったい》に道なんかではなかった。単《たん》なる山肌《やまはだ》だ。

荷物をフルに積《つ》んだ自転車はもはやどれだけ押しても進まない。前輪《ぜんりん》と後輪を交互《こうご》に持ち上げ、少しずつ引きずり上げていく。大粒《おおつぶ》の汗《あせ》がポタポタこぼれ落ちる。お、おのれ、クリントンめ……。

「これのどこがサイクリングじゃあっ！」

やっとの思いでそこを登りきり、キャンプ場の光が見えたときには、汗にまじって涙《なみだ》が出そうだった。空には無数の星がまたたいていた。

次の日、カキ氷のようなマウント・ロブソンの雄姿《ゆうし》を眺《なが》めつつコーヒーを飲んでいると、③巨大なキノコが自転車を押してやってきた。彼はフルマラソンを走り終えたような顔をしており、④深刻《しんこく》な表情《ひょうじょう》で一枚《いちまい》の紙をぼくに見せた。それはぼくがインフォメーションセンターに書き置《お》きしたメッセージだった。

「キャンプ場で待っている。チャリで行けるらしいよ。七キロだから楽勝だ！」

（石田《いしだ》ゆうすけ「行かずに死ねるか！」）

＊葛藤＝心の中で、いろいろな気持ちが争《あらそ》っている。

(1) ——線①「急いで」とありますが、「ぼく」はなぜ急いでいたのですか。答えなさい。（10点）

(2) ——線②「まずいぞ、これは……」とありますが、何が「まずい」のですか。答えなさい。（10点）

(3) ——線③「巨大なキノコ」とありますが、何のことですか。五字以内で答えなさい。（5点）

(4) ——線④「深刻な表情」だったのはなぜですか。答えなさい。（15点）

2 **次の文章を読んで、あとの問いに答えなさい。**

よく使われていたらしく、ほこりもなく部屋はきちんとしていた。

「あれ、①ビデオデッキだ。親父《おやじ》がこんなもの使ってたなんて」

かけてあった覆《おお》いを何気なくめくった康介《こうすけ》が小さく叫《さけ》んだ。

悠介《ゆうすけ》は②信じられないもののようにその大きなビデオデッキを見た。父はテレビや映画《えいが》といったものを毛嫌《けぎら》いしていたのだ。

まさか。

小さな本棚《ほんだな》に、ビデオテープが幾《いく》つも並《なら》んでいた。悠介は恐《おそ》る恐る手に取った。

几帳面《きちょうめん》な字で、タイトルが書かれていた。

『冬の休暇《きゅうか》』『小さなコクリコのように』『鳩笛《はとぶえ》』……

どれも、彼《かれ》の初期《しょき》の作品の題名だった。

「ユウ兄《にい》ちゃん」

妹もそれが兄の作品だと気付《きづ》いたらしかった。

「ここだよ」

光紀《みつのり》は床《ゆか》に敷《し》かれた色あせた絨毯《じゅうたん》をめくった。そこには小さな揚《あ》げ蓋《ぶた》があって、床下にものがしまえるようになっていた。

「③ここに大事なものが入ってるんだ」

光紀は悠介を見上げた。悠介は、いまだに何が起きているのかわからない、といった表情《ひょうじょう》で床に膝《ひざ》をついた。

揚げ蓋を上げると、古ぼけたスクラップブックが何冊《なんさつ》も入っていた。

悠介はゆっくりと手を伸《の》ばした。

そこには小さな切抜《ぬ》きがたくさん貼《は》ってあった。映画館の時間割《わり》、しわくちゃのチラシ、入場券《けん》の半券、映画雑誌《ざっし》の評《ひょう》など。

悠介は日付《ひづけ》の古さに驚《おどろ》いた。彼が働《はたら》きながら自主上《じょう》映《えい》していた頃《ころ》からの切抜きが几帳面に貼ってある。映画の半券の脇《わき》には、必《かなら》ず二、三行の感想が書き込《こ》んであった。

ナッチャイナイ。サエコノキモチガツタワラナイ。

悠介は今更《いまさら》ながらに赤面した。父の評は④ズバリ核心《かくしん》をついていたからである。

父は彼の全ての映画を、きちんと初日《しょにち》に見ていた。東京にも何度も来ていたらしいのに彼は驚いた。あの父が、新宿《しんじゅく》や渋谷《しぶや》といった単館《たんかん》での上映にも来てくれていたとは信じられなかった。父の評は、短いながらどれも的《まと》を射《い》ていた。

じわじわと熱《あつ》いものが込《こ》み上げてきた。父が丹念《たんねん》に切抜きをしている姿《すがた》が目に見えるようだった。一番新しいスクラップブックを手に取る。

彼の最新作《さいしんさく》、カンヌで賞《しょう》を取った作品も、父はちゃんと初日に見ていた。

まだ新しい半券の脇《わき》に目を走らせる。

言ウコトナシ。

父の評はそれだけだった。それが、父の最大《さいだい》の褒《ほ》め言葉であったのを彼は唐突《とうとつ》に思い出した。子供《こども》の頃《ころ》から、そうだった。

　スクラップブックの最後《さいご》は、彼の作品がカンヌ国際《こくさい》映画祭で審《しん》査《さ》員《いん》特《とく》別《べつ》賞《しょう》を取ったという切抜きでしめくくられていた。その脇にも、小さく何か書いてあり、悠介は顔を近付《ちかづ》けた。

　オメデトウ。

　たった一言。おめでとう、と。

　次の瞬間《しゅんかん》、⑤男がゴツッと激《はげ》しく床《ゆか》に頭を打ちつけたので、光紀は仰天《ぎょうてん》した。

獣《けもの》のような叫《さけ》び声が漏《も》れた。男は床に頭をこすりつけて大声で泣《な》いた。色あせたスクラップブックを抱《だ》き締《し》めて、絞《しぼ》り出すような声を上げて、男は泣き叫び続《つづ》けた。

（恩田《おんだ》 陸《りく》「大きな引き出し」）

(1) ——線①「ビデオデッキ」とありますが、これを使って、「父」は何をしていましたか。答えなさい。（10点）

（　　　　）

(2) ——線②はなぜ「信じられない」のですか。答えなさい。（10点）

（　　　　）

(3) ——線③「大事なもの」とありますが、何のことですか。「スクラップブック」「息子」「感想」の三つの言葉を使って答えなさい。（10点）

（　　　　）

(4) ——線④「ズバリ核心をついていた」とありますが、その意味を表す慣用句《かんようく》を、文章中からぬき出して答えなさい。（10点）

（　　　　）

(5) ——線⑤「男がゴツッと……」とありますが、「男」とは、だれのことですか。物語中に出てくる名前を答えなさい。（5点）

（　　　　）

(6) ——線⑤の行動を、なぜ「男」はしたのですか。答えなさい。（15点）

（　　　　）

17 説明《せつめい》文・論説《ろんせつ》文を読む(1)

学習のねらい

説明文・論説文とは、筆者が自分の主張《しゅちょう》を順序《じゅんじょ》立てて説明する文章です。何の話をしているのかを「主題」、筆者が一番のべたいことが「結論《けつろん》」となります。

勉強した日　月　日

ステップ1

1 次の文章を読んで、あとの問いに答えなさい。

ナマケモノの動きがのろいのは筋肉《きんにく》が少ないからで、それはなるべくエネルギーを使わないで、葉っぱだけを食べて生きていくための知恵《ちえ》だということがわかった。また筋肉が少なければそれだけ体重が軽くなるから、高い木の上の方の細い枝《えだ》にもぶら下がることができ、それだけ敵《てき》から襲《おそ》われる心配も少ない。

（辻《つじ》　信一《しんいち》「『ゆっくり』でいいんだよ」）

問　この文章は、ナマケモノの何について説明《せつめい》した文章ですか。次から選《えら》び、記号で答えなさい。

ア　好物《こうぶつ》　イ　生態《せいたい》　ウ　知能《ちのう》　エ　生息場所

（　　）

2 次の文章を読んで、あとの問いに答えなさい。

メダカはふつう、群《む》れをつくって行動しています。その理由として、メダカたちには、数多くの天敵《てんてき》がいることがあげられます。

群れていれば、敵の目につきやすいのは事実です。しかし、五十ぴきで群れていたなら、敵につかまる確率《かくりつ》は、五十分の一になります。

また、敵の接近《せっきん》を知る目も、五十倍になります。群れが四方八方にちらばれば、敵は目うつりします。そのすきに、ぜんぶがにげきることもできます。

（草野《くさの》慎二《しんじ》「メダカのくらし」）

問　メダカが群れで行動する理由にあてはまらないものを、次から選び、記号で答えなさい。

ア　敵の目につきやすいから。
イ　敵が目うつりしている間ににげられるから。
ウ　敵につかまる可能性《かのうせい》が低《ひく》くなるから。
エ　敵を見つける目がふえるから。

（　　）

3 次の文章を読んで、あとの問いに答えなさい。

ふしぎな果実《かじつ》があります。大きさは二センチメートルに満《み》たない、楕円体《だえんたい》の赤い実です。この実にはほとんど甘《あま》みはなく、実を食べても、うっすらとした甘みしか感じません。ところが、この実を食べたあとに、レモンのように酸《す》っぱいものを食べると、ふしぎなことにその酸っぱさを「甘い！」と感じるのです。

その果実は、西アフリカ＊原産《げんさん》のリカデラというアカテツ科の植物の実です。「ふしぎな果実」といわれたり、ふしぎを超《こ》えて「奇跡《きせき》の果実」となり、「ミラクル・フルーツ」とよばれます。

甘みを感じさせる成分《せいぶん》は「ミラクリン」と名づけられています。これは、酸っぱい物質《ぶっしつ》を甘みのある物質に変《か》えるのではありません。「口の中にミラクリンが存在《そんざい》すると、酸っぱい物質が存在するときに限《かぎ》り、甘みを感じる感覚《かんかく》が敏感《びんかん》になる」というしくみが明らかにされています。

（田中《たなか》 修《おさむ》「植物はすごい」）

＊原産＝そこで最初《さいしょ》に生まれたもの。

問　リカデラの実を食べた後で酸っぱいものを食べると甘く感じるのはなぜですか。理由を次から選び、記号で答えなさい。

ア　奇跡が起きるから。
イ　酸っぱい物質が甘い物質に変わるから。
ウ　甘みを敏感に感じるようになるから。
エ　果実の成分がミラクリンに変化《へんか》するから。

（　　）

---

4 次の文章を読んで、あとの問いに答えなさい。

ヤドカリにとって、ちょうどよい大きさの貝がらは、どうしたらわかるのでしょう。大きさの異《こと》なる同じ種類《しゅるい》の貝がらをたくさん入れた水槽《すいそう》のなかに、はだかのヤドカリを数ひき入れます。すると翌日《よくじつ》には、かならずどれかの貝がらに入っています。それが、ちょうどよい大きさの貝がらと考えられます。それをもとに、海辺《うみべ》のヤドカリをしらべてみると、かなりのヤドカリが小さすぎる貝がらや、大きすぎる貝がらをせおっていました。

□。

（今福道夫《いまふくみちお》「ヤドカリの海辺《うみべ》」）

問　□にあてはまる文を、次から選び、記号で答えなさい。

ア　ヤドカリの好《この》みは、さまざまであるようです
イ　貝がらがめだつ色でなければならないからです
ウ　ヤドカリにとって貝がらの形は大事なのでしょう
エ　海辺には、えらべるほど多くの貝がらがないからでしょう

（　　）

ステップ2

勉強した日　月　日

時間 25分　合かく点 70点　得点　点

1 次の文章を読んで、あとの問いに答えなさい。

　植物・動物含《ふく》めて、いろいろな生命体が、一日八〇〇種類《しゅるい》近く絶滅《ぜつめつ》しているといわれています。「一日八〇〇種類も絶滅しているなんて①信《しん》じられない」と思うでしょう。

　人間は、自分が＊知覚《ちかく》できる対象《たいしょう》ばかり注目しているので、実感がわかないのです。

　つまりシロサイやクロサイ、ベンガルトラやチンパンジーなど、こういうわかりやすい動物たちさえ生き残《のこ》っていれば、自分たちも大丈夫《だいじょうぶ》だろうと思い込《こ》んでしまっているのです。でも、そういった目立つ野生動物が絶滅しないためには、じつはふだん人間が全然《ぜんぜん》相手にしないような、［②］とか［③］のようなもの、目立たない生き物の絶滅を食い止める必要《ひつよう》があるのです。

　アリマキがいなければアリが困《こま》るし、スズメガがいなくなったら風蘭《ふうらん》は受粉《じゅふん》ができません。すべての生き物たちは、地球にとって欠《か》くことのできないレギュラーメンバーなのです。ひとつが欠《か》けると、連鎖的《れんさてき》にその何百倍もの動物が消滅《しょうめつ》する可能性《かのうせい》があるのです。

　スズメガなんてくだらないよ、と思う人のために、④少し説明《せつめい》しておきます。

　風蘭の花の下には「距《きょ》」といわれる、長くつ下のような袋《ふくろ》がとび出ているのですが、受粉するためには、そこにたまった蜜《みつ》を吸《す》いにくる生き物が必要不可欠《ふかけつ》です。花にとまって吸ってもいいのですが、たいがいの昆虫《こんちゅう》は口がそこまで届《とど》きません。花にとまらずに吸うとなると、空中で静止《せいし》できる生き物が必要になります。長いくちばしを持ち、花にとまらずにそんなことができる生き物といったら、スズメガしかいません。だからスズメガがいなくなったら風蘭は絶滅です。自然《しぜん》の、絶妙《ぜつみょう》な設計《せっけい》だと思いませんか？

　こういう直接《ちょくせつ》の＊相方みたいな関係《かんけい》でなかったとしても、間接的《かんせつてき》にその辺《へん》にいるちっぽけな虫が、風が吹《ふ》けば桶屋《おけや》がもうかる式に、人間につながっている可能性は非常《じょう》に高いんです。

　つまり地球上にいる生命体の種族《しゅぞく》は皆《みな》、精密機械《せいみつきかい》の部品のように、［⑤］と思ってください。それはもう、天文学的な数の命の歯車になります。単純《たんじゅん》な機械は、一個二個の歯車が飛《と》んだらわかりやすくダメになりますが、複雑《ふくざつ》な機械ほど一箇所《いっかしょ》か二箇所壊《こわ》れてもわからないものなのです。地球の生態系《せいたいけい》のような、複雑な歯車もまた、何百個飛んでも一見動いているように見えたりしますから［⑥］。絶《た》え間なく起こる小さな部品の欠落《けつらく》をどこかで食い止めないと、いつか完全《かんぜん》に、すべてのムーブメントが停止《ていし》することになるのです。

（野村潤一郎《のむらじゅんいちろう》「サルが食いかけのエサを残す理由《わけ》」）

＊知覚＝しっかりと知ること。
＊相方＝いっしょに物ごとをする人。パートナー。

(1) ——線①「信じられない」のはなぜですか。次から選《えら》び、記号で答えなさい。(20点)

ア 野生動物を相手にしないから。
イ 知覚できず、実感がわかないから。
ウ わかりやすい動物が生き残っているから。
エ アリマキがいるから。

（　　）

(2) ［②］と［③］にあてはまるものを、次から二つ選び、記号で答えなさい。(20点)

ア 動物　イ 虫　ウ 鳥　エ 雑草《ざっそう》　オ 巨木《きょぼく》

（　　）（　　）

(3) ——線④「少し説明しておきます」について、説明の内容《ないよう》にあてはまらないものを次から選び、記号で答えなさい。(20点)

ア 空中で静止できる生き物は、風蘭の蜜を吸える。
イ 風蘭には、距にたまった蜜を吸う生き物が必要だ。
ウ スズメガは、風蘭の花にとまって蜜を吸う。
エ 風蘭は、スズメガのおかげで受粉できる。

（　　）

(4) ［⑤］にあてはまる言葉を、次から選び、記号で答えなさい。(20点)

ア 直接関連《かんれん》している
イ 直接的、間接的に関連し合って成立《せいりつ》している
ウ 間接的にしか関係を持たない
エ 直接の相方ではない

（　　）

(5) ［⑥］にあてはまる言葉を、次から選び、記号で答えなさい。(20点)

ア 大船に乗ったような気持ちでいられます
イ おおいに安心です
ウ 安心していてはいけません
エ 不安《ふあん》になってはいけません

（　　）

18 説明文《せつめいぶん》・論説文《ろんせつぶん》を読む(2)

学習のねらい
説明文・論説文では、「何を」説明しているのかを考えながら読むことが大切です。同じことの説明を、言い方をかえてくり返していることが多いので、そこに注目します。

勉強した日　月　日

ステップ1

1 次の文章を読んで、あとの問いに答えなさい。

10代は人間の身体の成長《せいちょう》でもっとも大切な時期です。それは、未熟《みじゅく》であった組織《そしき》がいよいよ完成《かんせい》する時期であるからです。この時期に骨《ほね》も完成期に入り、顔の形なども決まっていきます。とくに皮膚《ひふ》は、生まれた時は薄《うす》いものがだんだん厚《あつ》くなり、ほぼ14〜15歳《さい》で厚さが完成されます。皮膚は身体が受けたダメージを少なくする役目をしています。クッションの役目をしたり、紫外線《しがいせん》をはねのけたり、そして多くの化学物質《ぶっしつ》に対しても防御《ぼうぎょ》をしています。

（岡村理栄子《おかむらりえこ》「10代のプチヘルス２」）

問 文章から読み取れる、10代で完成するものを次からすべて選び、記号で答えなさい。

ア 皮膚　イ 脳《のう》の働《はたら》き　ウ 運動能力《のうりょく》　エ 骨　（　　）

2 次の文章を読んで、あとの問いに答えなさい。

近代という時代は、言論的《げんろんてき》、あるいは文学的には「どんどん言う、どんどん言えなければならない」という時代である。この「どんどん言う」が止まってしまえば、「理解《りかい》が足りない、知識《ちしき》が足りない、自己《じこ》の*洞察《どうさつ》が甘《あま》い」ということになって「バカ」という烙印《らくいん》を押《お》されてしまう。だから、近代に於《お》ける「沈黙《ちんもく》」は、つらくて苦い。しかし、前近代の*江戸《えど》時代は、「その先を言ってはならない」ということを了承《りょうしょう》してしまう時代でもある。だから「言うべきことを*留保《りゅうほ》に持ち込《こ》む」というテクニックもある。言ってみれば「はぐらかし」で、その一番*俗《ぞく》なものは、「ま、ここらで止めとこう。へへへ」という保留《ほりゅう》である。近代で「言うことをやめる、やめざるをえない」というのは、つらい不能状態《ふのうじょうたい》に陥《おちい》ることだが、「はぐらかし」というテクニックを持つ前近代では、結構《けっこう》「□」なのである。

（橋本《はしもと》 治《おさむ》「失《うしな》われた近代を求《もと》めて」）

*洞察＝よく見て、ものごとを知ること。
*江戸時代＝日本の古い時代。
*留保＝すぐにしないで、そのままにしておくこと。
*俗な＝品がない様子。

問 □にあてはまる言葉を、次から選び、記号で答えなさい。

ア 迷惑《めいわく》な押《お》しつけ　イ 予想外の事態《じたい》
ウ 積極的《せっきょくてき》な義務《ぎむ》　エ 主体的な決断《けつだん》

（　　）

3 次の文章を読んで、あとの問いに答えなさい。

シダレヤナギは日本でもっともなじみ深いヤナギの仲《なか》間《ま》ですが、自然度《しぜんど》の高い、山や川沿《ぞ》いには生えていません。人が暮《く》らす場所に限定《げんてい》されています。これは人が*意《い》識的《しきてき》に植えた証拠《しょうこ》です。もともとシダレヤナギは中国原産《げんさん》の木なのです。

シダレヤナギの歴史《れきし》は古く、*奈良《なら》時代《じだい》、*平安《へいあん》時代にすでに植栽《しょくさい》されていたようです。*平城京《へいじょうきょう》も*平安京も*唐《とう》の*長安《ちょうあん》を模倣《もほう》していました。シダレヤナギは、長安の街路《がいろ》樹《じゅ》の主役だったために、導入《どうにゅう》されたのでしょう。

（石井誠治《いしいせいじ》「樹木《じゅもく》ハカセになろう」）

*意識的に＝わざと。
*奈良時代・平安時代＝日本の古い時代。
*平城京・平安京＝日本の古い都市。
*唐・長安＝中国の古い国と都市の名前。

問 この文章からわかるシダレヤナギの特徴《とくちょう》にあてはまらないものを、次から一つ選び、記号で答えなさい。

ア 日本の山に自生する。
イ 昔から植えられている。
ウ 中国から日本に持ち込《こ》まれた。
エ 日本でなじみのある木である。

（　　）

4 次の文章を読んで、あとの問いに答えなさい。

貝がらの種類《しゅるい》には、このみがあるのでしょうか。こんどは、あるヤドカリにとって、ちょうどよい大きさの貝がらを、しらべたい種類の貝がらからえらび、それを同時にあたえました。

ホンヤドカリで、四〇回テストしてみたところ、このヤドカリがえらんだ貝がらは、イボニシ二六回、イシダタミガイとスガイは七回でした。つぎに、スガイとアマオブネガイで一〇回テストしたところ、ホンヤドカリは一〇回ともスガイをえらびました。アマオブネガイは、野球帽《ぼう》のような形をしていて、からのなかがちゃんと巻《ま》いていません。ホンヤドカリは、いごこちのわるいアマオブネガイをきらい、ちゃんと貝がらが巻いているイボニシをこのむことがわかりました。

（今福道夫《いまふくみちお》「ヤドカリの海辺《うみべ》」）

問 次の貝を、ホンヤドカリがこのむ順《じゅん》に記号で答えなさい。

ア スガイ　イ アマオブネガイ
ウ タカラガイ　エ イボニシ

（　→　→　）

ステップ2

時間 25分　合かく点 70点　得点　点

勉強した日　月　日

1 次の文章を読んで、あとの問いに答えなさい。

街並《まちなみ》と本屋の書棚《*しょだな》がどう似《に》ているかを、もう少し考えてみよう。

まず、建物《たてもの》と本はどちらもたいてい直方体だから、形が似ている。巨大《きょだい》ビルのような本、小さな住宅《じゅうたく》みたいな本がある。間口の広い本、狭《せま》い本がある。表紙の剛構造《*ごうこうぞう》もあれば、柔《*じゅう》構造もある。そして、豪華本《ごうかぼん》もあれば、①安《やす》普請本《ぶしんぼん》もある。

書籍《しょせき》では、外部はもっぱら見かけが問題、内部の中身が読者と相互《そうご》作用するだいじな部分であるという点が、建築《けんちく》とそっくりだ。②相互作用という表現《ひょうげん》は大げさのようだが、建築の室内だと、居住者《いじゅうしゃ》は床《ゆか》に絨毯《じゅうたん》を敷《し》き、椅《い》子《す》をもってきて坐《すわ》り、壁《かべ》にカレンダーと時計をかけ、ひざの上でパソコンを打つというように、建築の影響《えいきょう》を受けるだけでなく、建築の表面をいろいろいじることもする。読書でも、読者は本の中身を理解《りかい》する一方、重要箇《じゅうようか》所《しょ》に線を引き、文字を書きこみ、ページを折《お》り、付箋《ふせん》をはさむなど、本をよごす。そこを相互作用といったのである。

ここで、本の外部とは背《せ》と表裏《おもてうら》の表紙のすべて、残《のこ》りはそっくり内部に当たろう。本屋の客からすれば、書棚の本で目に入る九〇パーセントは外部である。低《ひく》い棚だと、ページの重なり、すなわち内部も目に入る。外部と内部の見え方の割合《わりあい》は建物でも同じで、街路《がいろ》にいる人の眺《なが》める［③］パーセントは建物外部、あとは玄関《げんかん》のなかや窓《まど》の内側《うちがわ》などがちょろちょろ見える。例外《れいがい》として箱入り書籍の一〇〇パーセント外部で、内部はまったく見えないというのがあるが、あれはひどく権威主義的《*けんいしゅぎてき》だ。建物だと、［④］でないと、なかなか一〇〇パーセント外部にはならない。

もう一つ、両者とも外部に文字情報《じょうほう》を表示《ひょうじ》している点が似ている。本では、書名、著者名《ちょしゃ》、出版社名《しゅっぱんしゃ》などに加《くわ》えて、帯《おび》には内容《ないよう》の説明《せつめい》までついている。建物では、住所氏名、社名、屋号などに加えて、［⑤］により、望《のぞ》むならいくらでもいいたいことをファサード(建物の正面)の表面に貼《は》りつけることができる。本でも建物でも、必《ひつ》要《よう》があって外部に文字を見せているのではあるが、さまざまな文字の集積《しゅうせき》は、混乱《こんらん》をひどくする有力な原因《げんいん》だ。

(乾《いぬい》 正雄《まさお》「街並《まちなみ》の年齢《ねんれい》」)

＊書棚＝本だな。

＊剛構造・柔構造＝どちらも建物などのつくり方の方法《ほうほう》の一つ。
＊権威主義＝力があることによって、言うことを聞かせたり、聞いたりすること。

(1) ――線①「安普請本」とは、どのような本ですか。次から選《えら》び、記号で答えなさい。(15点)

ア 安心できる色合いの本。
イ 安く作られた粗雑《そざつ》な本。
ウ 手軽に読める軽い本。
エ 安く手に入る実用的な本。

（　）

(2) ――線②「相互作用」とは、どういうことですか。次から選び、記号で答えなさい。(20点)

ア 影響《えいきょう》を与《あた》えるとともに影響を受けること。
イ 影響を与えずに、影響を受けること。
ウ 影響を受けずに、影響を与えること。
エ 影響を与えることも受けることもしないこと。

（　）

(3) ③ にあてはまる数字を答えなさい。(10点)

（　）

(4) ④ にあてはまる言葉を、次から選び、記号で答えなさい。(20点)

ア スーパーやコンビニなどの商業的な建物
イ ドーム球場や競技場《きょうぎじょう》などの収容《しゅうよう》人数の多い建物
ウ 国会議事堂《ぎじどう》や最高裁判所《さいこうさいばんしょ》級の堅固《けんご》な建物
エ 東京スカイツリー級の高い建物

（　）

(5) ⑤ にあてはまる言葉を、次から選び、記号で答えなさい。(20点)

ア 新聞や雑誌《ざっし》　イ 広告《こうこく》や掲示板《けいじばん》
ウ テレビやラジオ　エ 表札《ひょうさつ》や看板《かんばん》

（　）

(6) この文章から読み取れる、本と建物の似ている点を、次から三つ選び、記号で答えなさい。(15点)

ア 街並や書棚の風景《ふうけい》をつくりあげる要素《ようそ》である点。
イ 形が直方体である点。
ウ 中身を好《す》きに見ることができる点。
エ 外部に文字情報が表示されている点。
オ さまざまな種類《しゅるい》が並《なら》んでいる点。
カ 中身が利用者《りようしゃ》と相互作用する部分である点。

（　）（　）（　）

ステップ３

時間　45分
合かく点　70点
得点　　点

勉強した日　　月　　日

1 次の文章を読んで、あとの問いに答えなさい。

笑《わら》いには、［①］*呵呵大笑《かかたいしょう》もあれば、照《て》れ笑いや*追従《ついしょう》笑い、さらには微笑《びしょう》、苦笑、*嘲笑《ちょうしょう》、冷笑と、人間はそのときどきの心理においてさまざまな笑いをします。こうした笑いについて調べていくうちにがぜんおもしろくなり、「ならば、とことん研究してみよう」と、文献《ぶんけん》あさりから何から、それこそ何ものかに取り憑《つ》かれたように笑いの世界に没頭《ぼっとう》していったのです。そして気がつけば、『笑いの博物館《はくぶつかん》』という本をものするまでになっていました。

その直接的《ちょくせつてき》な*契機《けいき》となったのが、橘天敬《たちばなてんけい》という画家が描《えが》いた「慈母観音像《じぼかんのんぞう》」との出合いでした。慈愛《じあい》に満《み》ちた微笑をみつめていると、肩《かた》からスーッと力が抜《ぬ》け落ち、自然に疲《つか》れがとれていくようでした。人間というのは、②笑いによって救《すく》われるのだとそのとき心底《しんそこ》から感じたのです。いまは、赤ちゃんの笑いをみても同じような気持ちになります。あの③無垢《むく》な笑いには、何か人を幸せにする力が潜《ひそ》んでいるような気がしてならないのです。

人は使命感に燃《も》えて何かに打ち込《こ》んでいるとき、周《しゅう》囲《い》が無関心《むかんしん》だと自分だけが苦労《くろう》しているようで腹《はら》が立ってきます。まさに自分がそうでした。使命感に燃えてやるべきことをやるのはいい。しかし、気難《きむずか》しい顔や不機《ふき》嫌《げん》な顔をして周囲まで暗くさせてしまったのでは④元も子もない。それは、［⑤］という意味において、戦争《せんそう》と同根なのです。

慈母観音像や赤ちゃんの笑いにはおよばないものの、私《わたし》は、人は笑いで人を救えるということを、身をもって知りました。自分なりの「笑いの哲学《てつがく》」をもつのもよいことだと思っています。

（飛岡《とびおか》健《けん》「哲学者たちは何を知りたかったの？」）

*呵呵大笑＝大声をあげて笑うこと。
*追従笑い＝人のきげんをとるための笑い。
*嘲笑＝ばかにした笑い。
*契機＝きっかけ。

(1) ［①］にあてはまる言葉を、次から選《えら》び、記号で答えなさい。(10点)

ア ひざを抱《かか》えるような　**イ** 頭を抱えるような
ウ 腹《はら》を抱えるような　**エ** 大木を抱えるような

（　　）

(2) ——線②「笑いによって救われる」のは、笑いにどんな力があるからですか。文章中から八字でぬき出して答えなさい。(10点)

(3) ——線③・④の言葉の意味を、あとからそれぞれ選び、記号で答えなさい。(10点)

③ 無垢な

ア 白っぽい　イ しずかな

ウ けがれのない　エ すらりとした

④ 元も子もない

ア なにもかもすっかりなくすこと。

イ ものごとの原因《げんいん》を調べてはっきりさせること。

ウ 努力《どりょく》に見合ったむくいを受けること。

エ 直接的《ちょくせつてき》すぎること。

③(　)④(　)

(4) ⑤にあてはまる言葉を、「人を」に続《つづ》けて五字で答えなさい。(5点)

人を

2 次の文章を読んで、あとの問いに答えなさい。

ある日、ヒグマの子供《こども》が保護《ほご》されてきた。ちょうど穴《あな》から出てきたばかり、というくらいの子グマで、それはかわいらしい顔をしていた。ぼくはムツゴロウさんのテレビ番組をよく観《み》ていたので、テレビで観たように、その子グマを抱《だ》っこしたときには当然《とうぜん》、ぼくになついてくれるだろうと思った。母親は人家に近づきすぎたのか、*鉄砲《てっぽう》で撃《う》たれ、*駆除《くじょ》されたいわゆる春グマだと聞いた。それで子グマだけが保護されたのだ。当分の間は、ぼくが母親代わりにこの子の面倒《めんどう》をみてやらなければならない。そう思った。

ところが、その子グマは絶対《ぜったい》に①。ぼくに対して、決して気を許《ゆる》してこないのだ。ミルクを置《お》いても、飲もうともしない。こっちがしびれを切らして、用を足し、戻《もど》ってくるとミルクがなくなっている。

「②お前は……」

ぼくは③ショックで、④をぶん殴《なぐ》られたような気分だった。子グマは、ミルクを飲まなければ死んでしまう。それなのに、ぼくが見ている限《かぎ》り、絶対《ぜったい》に飲まないのだ。ぼくがそばにいれば、何も⑤にせず、そのまま子グマは死んでいくだろう。

——これが、⑥野生の生き方なのか。

ぼくは子グマの生き方に＊圧倒《あっとう》され、それまでぼくは何と思いあがっていたのだろう、と自分が恥《は》ずかしくなった。野生動物が、なついてくれるなんて、あり得《え》ないことなのだ。考えてみれば、当然《とうぜん》だった。食べる側《がわ》と食べられる側が＊混在《こんざい》して生きている自然界では、相手に依存《いそん》したら、生きていけない。ぼくにミルクをもらったとたん、[⑦]ではなくなるのだ。まったく信用《しんよう》していない相手に依存したら、それは死を意味する。肉食動物であるホッキョクグマは、アザラシの赤ちゃんを食べるが、ホッキョクグマは赤ちゃんを〝かわいい〟とは思っていない。人間が子グマを〝かわいい〟と思えるのは、ペット感覚《かんかく》で子グマを見るからだ。しかし、子グマはペットじゃない。子グマから見たら、ぼくという動物に、いつ食われてしまうか、わからない＊瀬戸際《せとぎわ》に立っている。⑧そんなヤツが差《さ》しだすミルクをどうして飲めるだろうか。それを飲むことは、死を意味している。

――こんなちっちゃな子グマでも、ほんの数ヶ月母親に育てられただけでも、お前は立派《りっぱ》な野生なんだね。

ぼくが見ている限《かぎ》り、子グマは[⑨]までミルクを飲まない。その覚悟《かくご》で、ぼくと＊対峙《たいじ》していた。何かに頼《たよ》らなければ生きていけない子グマさえ、ぼくに気を許《ゆる》すことはない。野生動物がもつ、そのかたくなな生き方にぼくは⑩打ちのめされた。そのときぼくは、[⑪]とはまったく違《ちが》う生き物だということをはっきりと知ったのだった。

（坂東《ばんどう》元《げん》「動物と向き合って生きる」）

＊人家＝人が住んでいる家。
＊駆除＝取り除《のぞ》くこと。
＊圧倒＝非常《ひじょう》に強い力で、相手をおさえつけること。
＊混在＝違うものが、混《ま》じって存在《そんざい》していること。
＊瀬戸際＝二つのことの分かれ目。
＊対峙＝向き合うこと。

(1) [①]にあてはまる言葉を、文の終わりの形になるように答えなさい。（5点）

（　　　　）

(2) ――線②「お前は……」の後に続《つづ》く言葉を、文章中から十字以内《いない》でぬき出して答えなさい。（句読点《くとうてん》も字数に数えます。）（5点）

(3) ――線③「ショック」とありますが、筆者は何に対してショックを受けたのですか。答えなさい。（10点）

（　　　　）

(4) ④・⑤にあてはまる言葉を、次からそれぞれ選《えら》び、記号で答えなさい。（10点）

ア ロ　イ 耳

ウ 足　エ 頭

④（　　）　⑤（　　）

(5) ――線⑥「野生の生き方」とありますが、どんな生き方ですか。「〜生き方。」となるように答えなさい。（5点）

（　　　　生き方。）

(6) ⑦にあてはまる言葉を、次から選び、記号で答えなさい。（5点）

ア ペット　イ 肉食動物

ウ 野生　エ 春グマ

（　　）

(7) ――線⑧「そんなヤツ」とありますが、どんなヤツですか。文末《ぶんまつ》を「〜ヤツ。」にして答えなさい。（10点）

（　　　　ヤツ。）

(8) ⑨にあてはまる言葉を二字で答えなさい。（5点）

□□

(9) ――線⑩「打ちのめされた」とありますが、文章中から同じ意味の二字の言葉をぬき出し、次の□をうめて答えなさい。（5点）

□□された。

(10) ⑪にあてはまる言葉を、「○○○と□□□」という形になるようにそれぞれ文章中からぬき出して答えなさい。（5点）

（　　　と　　　）

19 詩を読む

学習のねらい

詩とは、自分が感じたことや印象《いんしょう》に残《のこ》ったことを、表現の形をととのえ、短い言葉で表したものです。感じたことを効果的《こうかてき》に伝《つた》えるための、いろいろなくふうがされています。

勉強した日　　月　　日

ステップ1

1 次の詩を読んで、あとの問いに答えなさい。

□　　工藤直子《くどうなおこ》

□のまっさかりになると
□は 夢《ゆめ》に似《に》るのである
□は 夢のように
あとからあとから空に湧《わ》くのである
目まいのように
あとからあとから際限《さいげん》もなく舞《ま》うのである
空気は いまや
純白《じゅんぱく》の点点に 満《み》ち満ちているのである
裸《はだか》の樹々《きぎ》は
まさか！ まさか！ と呟《つぶや》きながら
美しく窒息《ちっそく》するのである

問 □には同じ言葉が入ります。漢字一字で答えなさい。

□

2 次の詩を読んで、あとの問いに答えなさい。

空に真赤《まっか》な　　北原白秋《きたはらはくしゅう》

空に真赤な雲のいろ。
玻璃《はり》に真赤な酒の色。
なんでこの身が悲しかろ。
空に真赤な雲のいろ。

問 この詩の説明《せつめい》としてあてはまるものを、次から選《えら》び、記号で答えなさい。

ア 三行目と四行目は同じ意味を別《べつ》の言い方で表していて、内容《ないよう》に深みをもたせている。

イ 一行目と二行目が反対の内容になっていて、ちがいがきわだっている。

ウ すべての行の最後《さいご》の五音が同じになっていることで、そろった感じが表されている。

エ 一、二、四行目が同じ形で、三行目だけ変化《へんか》していて、リズムがあるように感じられる。

（　　）

3 次の詩を読んで、あとの問いに答えなさい。

家畜《かちく》　萩原朔太郎《はぎわらさくたろう》

花やかな月が空にのぼった
げに大地のあかるいことは。
小さな白い羊たちよ
家の屋根の下にお這入《はい》り
しずかに涙《なみだ》ぐましく動物の足調子をふんで

問　この詩で使われている表現《ひょうげん》のくふうを、次から三つ選び、記号で答えなさい。

ア 物や動物を、人のように描《か》いている。
イ 文の後ろのほうが省略《しょうりゃく》されている。
ウ 物の様子を、ほかの物を使って表している。
エ 行の最後《さいご》を同じような音でそろえている。
オ 言葉の順番《じゅんばん》を入れかえている。
カ 作者の感情《かんじょう》が中心に表されている。
キ 呼《よ》びかけるような言葉を使っている。

（　　）（　　）（　　）

4 次の詩を読んで、あとの問いに答えなさい。

十三時　佐藤春夫《さとうはるお》

客よ　おどろくな
十三時だ。時には
二十三時も打つ。
だが針《はり》を見ろ。十一時だ。
このキテレツな□こそ
部屋の主とおんなじだ。
かんぢやう《（かんじょう）》はでたらめの
メチャクチャだが
理性《りせい》の針は正しいよ。

問　□に入る言葉を、次から選び、記号で答えなさい。

ア 時計
イ つくえ
ウ 客
エ カーテン

（　　）

ステップ 2

勉強した日　月　日

時間 25分　合かく点 70点　得点　点

1 次の詩を読んで、あとの問いに答えなさい。

牧歌《ぼっか》　秋谷《あきや》豊《ゆたか》

僕《ぼく》は牧場《ぼくじょう》をながめていた
牧場をわたる風に吹《ふ》かれて　子馬が二頭
麓《ふもと》の村へと帰ってゆくのを
ながめていた
燃えるような草叢《くさむら》の夕暮《ゆうぐれ》に
①白い通路《かよいじ》が乾《かわ》く
乾《かわ》いたあとから
たのしそうにしっぽを振《ふ》って
②追ってゆく
やがて行きついた村の果《はて》に
③母のようなあかりが光っていよう
ああ　秋だ
林の中にはまだ郭公《かっこう》がいて
美しい声で□ようだ

(1) ——線①「白い通路」とありますが、どこへ続《つづ》く「通路」ですか。次から選《えら》び、記号で答えなさい。（20点）

ア 牧場　イ 林　ウ 山頂《さんちょう》　エ 村

（　　）

(2) ——線②「追ってゆく」とありますが、何が「追ってゆく」のですか。次から選び、記号で答えなさい。（20点）

ア 子馬　イ 郭公　ウ 母　エ 僕

（　　）

(3) ——線③「母のようなあかりが光っていよう」とありますが、村がどのような所であることが表れていますか。次から選び、記号で答えなさい。（15点）

ア 学ぶ所　イ 帰る所
ウ ぼうけんする所　エ 遊ぶ所

（　　）

(4) □にあてはまる言葉を、次から選び、記号で答えなさい。(10点)

ア さけんでいる　イ つぶやいている
ウ 歌っている　エ しゃべっている

2 次の詩を読んで、あとの問いに答えなさい。

夏の日の歌　中原中也《なかはらちゅうや》

青い空は動かない、
雲片《くもぎれ》一つあるでない。
　夏の真昼の静《しず》かには
　タールの光も清《きよ》くなる。

夏の空には何かがある、
いじらしく思わせる何かがある、
　焦《こ》げて図太い向日葵《ひまわり》が
　田舎《いなか》の駅には咲《さ》いている。

上手に子供《こども》を育てゆく、
母親に似《に》て汽車の汽笛は鳴る。
　山の近くを走る時。

山の近くを走りながら、
母親に似て汽車の汽笛は鳴る。
　夏の真昼の暑い時。

(1) この詩の中で、音がしている風景《ふうけい》が描《えが》かれている部分があります。その部分を、詩の中から五字でぬき出して答えなさい。(20点)

(2) この詩の中で、動いている様子が描かれている部分がありま す。何がどのように動いていますか。次から選び、記号で答えなさい。(15点)

ア 何かが空にある
イ 汽車が走る
ウ タールの光が清くなる
エ 向日葵が咲いている

20 短歌・俳句《はいく》を読む

学習のねらい

日本で古くから親しまれてきた、決まった形の詩が、短歌や俳句です。かぎられた字数の中に入っている言葉は、選《えら》びぬかれた言葉です。その深《ふか》さを味わうことが大事です。

勉強した日　月　日

ステップ1

1 次の俳句《はいく》を読んで、あとの問いに答えなさい。

風吹《ふ》けば来るや隣《となり》のこいのぼり　高浜虚子《たかはまきょし》

(1) この俳句の季語《きご》は何ですか。次から選《えら》び、記号で答えなさい。

ア 風　イ 吹けば　ウ 隣　エ こいのぼり　（　）

(2) この俳句の季節《きせつ》はいつですか。次から選び、記号で答えなさい。

ア 春　イ 夏　ウ 秋　エ 冬　（　）

(3) この俳句の切れ字を、一字で答えなさい。　□

2 次の俳句を読んで、あとの問いに答えなさい。

寒波《かんぱ》急《きゅう》日本は細くなりしまま　阿波野青畝《あわのせいほ》

(1) この俳句の季語を、俳句の中から二字でぬき出して答えなさい。　□□

(2) この俳句の季節はいつですか。次から選び、記号で答えなさい。

ア 春　イ 夏　ウ 秋　エ 冬　（　）

(3) ――線「細く」とありますが、どのような様子を表していますか。次から選び、記号で答えなさい。

ア 運動をしてやせている様子。
イ 寒さにちぢこまっている様子。
ウ のんびりとくつろいでいる様子。
エ つかれきって弱っている様子。

（　）

3 次の短歌を読んで、あとの問いに答えなさい。

あじさいに大かたつむりみどりご*に
はじめての歯のあわきよろこび　岡《おお》井《い》隆《たかし》

*みどりご＝赤ちゃん。三歳《さい》くらいまでの幼児《ようじ》。

(1) この歌はとちゅうで切ることができます。どこで切れますか。次から選び、記号で答えなさい。

ア「あじさいに」の後。
イ「大かたつむり」の後。
ウ「みどりごに」の後。
エ「はじめての歯の」の後。

（　　）

(2) ――線「あわきよろこび」とありますが、何と何が「よろこび」なのですか。短歌の言葉を答えなさい。

（　　）と（　　）

4 次の短歌を読んで、あとの問いに答えなさい。

いちめんに垂氷《つらら》となれる岩かげに
わが日常《にちじょう》はしばしはなやぐ*　前《まえ》登志夫《としお》

*はなやぐ＝はなやかになる、明るくはでになる。

問 ――線について、次の問いに答えなさい。

A 何が「はなやぐ」のですか。次から選び、記号で答えなさい。

ア いちめん
イ 岩かげ
ウ 垂氷
エ 作者の日常

（　　）

B なぜ「はなやぐ」のですか。次から選び、記号で答えなさい。

ア 岩かげに少しだけ垂氷があったから。
イ 一面が岩かげになっていたから。
ウ 岩かげで一面に垂氷ができていたから。
エ 岩かげがいっせいに垂氷に変化《へんか》したから。

（　　）

ステップ2

時間 25分　合かく点 70点　得点　　点
勉強した日　　月　　日

1 次の文章と俳句《はいく》を読んで、あとの問いに答えなさい。

私《わたし》は句《く》のようなものをいくつか手帳《てちょう》に書きためて立ちあがる。これなり帰るのも惜《お》しく、偶々《たまたま》出会った木の実とりの子供達《こどもたち》についてゆく。長い竹竿《たけざお》を持っていて、椎《しい》の繁《しげ》みをたたいてまわるのである。椎の実は一寸《ちょっと》見ただけでは眼《め》につかないが、ここぞと思うところをうつと、ぱらぱら落ちて地面にはずむ。私も面白《おもしろ》くなって手伝《てつだ》って、椎の実を分けて貰《もら》って喰《た》べた。象牙《ぞうげ》のように尖《とが》った白い膚《はだ》、甘《あま》い生々しい柔《やわら》かさ、森の実の味である。

①椎の実の見えざれど竿うてば落つ

こんなにして子供達に木の実を貰い、②句を貰ってわかれた。

（橋本多佳子《はしもとたかこ》「椎の実」）

(1) ――線①の俳句について、答えなさい。

A この俳句の季語《きご》と季節《きせつ》を答えなさい。(10点)

季語（　　　）　季節（　　　）

B この俳句の場面を書いた一文を、文章中からぬき出して、はじめの五字を答えなさい。(15点)

□□□□□

(2) ――線②の「句を貰って」とは、どういうことですか。次から選び、記号で答えなさい。(15点)

ア 子供たちに句をよんでもらったということ。
イ 子供たちのおかげで、句がよめたということ。
ウ 子供たちに句を聞いてもらったということ。
エ 子供たちを、句をよむのにつき合わせたということ。

（　　　）

2 次の文章と俳句を読んで、あとの問いに答えなさい。

睡蓮《すいれん》というと、私にはすぐ石神井公園《しゃくじいこうえん》の睡蓮が目に浮《う》かぶ。六月に入り、道路から三宝寺池《さんぽうじいけ》に向かって歩いてゆくと、すぐの左手に、睡蓮の葉が水面を覆《おお》い、少し紅《べに》をさした白い花が美しく咲き揃《そろ》う。

平成《へいせい》二十一年六月二十日の「花鳥来《かちょうらい》」*例会《れいかい》の時も、睡蓮が咲《さ》いていた。何度も見ているので、始《はじ》めは仲々《なかなか》句が出来《でき》なかったが、じっと見ていると、近くには結構《けっこう》水面が見えるが、橋のかかっている先の方は、水が全く見えず、二、三百の花が一面に咲いていた。

睡蓮の①水を残《のこ》さず咲きわたり　けん二《じ》

当日の句会で、この句はあまり点が入らず、「残さず」が納得《なっとく》出来ないとの評《ひょう》があった。その半月後、「残さず」が説明的《せつめいてき》であるのに気づき「余《あま》さず」と推敲《すいこう》、②「木曜会」に出句、大方の賛同《さんどう》を得《え》たが、「睡蓮の」は「睡蓮や」ではないかとの尚毅《なおき》さんの指摘《してき》を受けて次の句となった。

睡蓮や水を余さず咲きわたり　けん二

（深見《ふかみ》けん二《じ》「虚子編《きょしへん》『新歳時記《さいじき》』季題《きだい》一〇〇話」）

＊例会＝日にちを決めて開かれる集まり。

(1) ――線①「水を残さず」とは、どういうことですか。この様子が書かれている部分を、文章中から七字でぬき出して答えなさい。(20点)

(2) 「睡蓮の水を残さず咲きわたり」の句は、どのような情景《じょうけい》をよんだものですか。文章を参考《さんこう》にしながら、次から選び、記号で答えなさい。(20点)

ア　睡蓮の花が、水が見えないぐらいに、一面にたくさん咲いている。

イ　睡蓮の花が、水の上にぽつぽつと浮《う》かんで咲いている。

ウ　睡蓮の花が、たった一つだけ、水面に浮かんで咲いている。

エ　見ることはできないが、睡蓮の花が、水の中にたくさん咲いている。

（　　）

(3) ――線②「木曜会」に作者が出した句は、どのような句であったと考えられますか。次から選び、記号で答えなさい。(20点)

ア　睡蓮の水を残さず咲きわたり

イ　睡蓮や水を残さず咲きわたり

ウ　睡蓮の水を余さず咲きわたり

エ　睡蓮や水を余さず咲きわたり

（　　）

ステップ3

時間 45分
合かく点 70点
得点 点

勉強した日 月 日

1 次の文章を読んで、あとの問いに答えなさい。

日本には五月雨《さみだれ》や時雨《しぐれ》など、雨をあらわす言葉が多いのは知られていますが、季節《きせつ》の名をそのまま雨にかぶせて通用しているのが春雨《はるさめ》です。秋雨《あきさめ》も秋雨前線などというかたちで使われますが、春雨ほど＊熟《じゅく》していないようです。

また、季節のあらわしかたのひとつに、太陽年を太陽の＊黄径《こうけい》にしたがって二十四等分した＊二十四節気《せっき》があることは、前にお話《はなし》しました。

たとえば春は二月四日から二週間ほどの間を「立春」、以後《いご》「雨水《うすい》」「啓蟄《けいちつ》」「春分」「清明《せいめい》」「穀雨《こくう》」とつづきます。「雨水」は二月十九日ごろで、雪の季節から春の雨の季節になるということなのでしょうか。「穀雨」は四月二十日ごろで、「雨、百穀《ひゃっこく》を生ずを言ふ《う》」とあります。

ちなみに、二十四節気で雨の字があるのは春のこの二つだけで、じっさいに春は雨が多い季節だという以上《いじょう》に、これらは万物を育《はぐ》む暖《あたた》かな慈雨《じう》としての明るい雨への思いが選《えら》ばせた季節の呼《よ》び名といえるかもしれません。芽《め》吹《ぶ》きを誘《さそ》い、その幼《おさな》い緑をにじませてやわらかく降《ふ》る雨は、たしかにほかのどの季節の雨ともちがうあざやかな印象《いんしょう》です。

A くれないの二尺《にしゃく》伸《の》びたる薔薇《ばら》の芽の
針《はり》やわらかに春雨のふる
正岡子規《まさおかしき》

くれない色の薔薇の芽の針にふる雨。「やわらかに」は［①］のやわらかさであり、［②］のやわらかさでもあるのですが、それをみている心のいかにも春らしい静《しず》けさも思われます。

③一方で、春の雨は桜《さくら》にかかわる独特《どくとく》の物思いとともにうたわれてきた伝統《でんとう》があります。

B 春雨の降《ふ》るは涙《なみだ》かさくら花
散《ち》るを惜《お》しまぬ人しなければ
大友黒主《おおとものくろぬし》

④春雨が降っているのは人びとの涙なのだろうか。さくらの花が散ってしまうのを惜しまない人などいないのだから。

C 花の色はうつりにけりないたづら《ず》に
わが身世にふるながめせしまに
小野小町《おののこまち》

⑤ああ、花のいろもいつの間にか褪《あ》せてしまった。この世に生きて私《わたし》がむなしい物思いを重ねるうちに、春の長雨のうちに。

花のころの雨は桜の散るのを惜しむ人々の涙。また、花を散らしてしまう張本人《ちょうほんにん》として恨《うら》まれてもいました。小野小町の歌は百人一首にもとられた歌で、「ながめ」という言葉には、「長雨」と、物思いをするという意味の「ながめ」が重ねられています。春の長雨にとざされているうちに、花が褪せるように、物思いつつ身の盛《さか》りが過《す》ぎてゆく。木の芽をぬらした春雨とは⑥少しちがった、艶《つや》やかで重たい吐息《といき》のような女の情緒《じょうちょ》が感じられます。

（米川千嘉子《よねかわちかこ》「四季《しき》のことば一〇〇話」）

＊熟していない＝十分にできあがっていない。
＊黄径＝星などの位置《いち》を表す通り道。
＊二十四節気＝黄径を二十四に分けてつけた季節の名前。

(1) [①]・[②]にあてはまる言葉を、それぞれ漢字一字で答えなさい。(10点)

① [　]　② [　]

(2) ――線③「春の雨」を表す言葉を、Cの歌からぬき出して答えなさい。(5点)

（　　　）

(3) ――線④がふくまれる文は、Bの歌を今の言葉に書きかえたものです。――線④にあたる部分を、Bの歌の中からぬき出して答えなさい。(10点)

（　　　）

(4) ――線⑤は、Cの歌を今の言葉に書きかえた一部です。――線⑤にあたる部分を、Cの歌の中からぬき出して答えなさい。(10点)

（　　　）

(5) ――線⑥「少しちがった」とありますが、どうちがうのですか。「木の芽をぬらした春雨は[Ⅰ]なのに対して、花のころの雨は桜の[Ⅱ]である」の[Ⅰ]と[Ⅱ]にあてはまる言葉を、それぞれ十二字以内《いない》で文章中よりぬき出して答えさい。(10点)

Ⅰ [　　　　　　　　　　　　]

Ⅱ [　　　　　　　　　　　　]

❷ 次の詩と文章を読んで、あとの問いに答えなさい。

冬が来た

高村光太郎《たかむらこうたろう》

きっぱりと冬が来た
八つ手の白い花も消え
①公孫樹《いちょう》の木も箒《ほうき》になった
きりきりともみ込《こ》むような冬が来た
人にいやがられる冬
②草木に背《そむ》かれ、虫類《ちゅうるい》に逃《に》げられる冬が来た
冬よ
僕《ぼく》に来い、僕に来い
僕は冬の力、冬は僕の餌食《えじき》だ
しみ透《とお》れ、つきぬけ
火事を出せ、雪で埋《う》めろ
刃物《はもの》のような冬が来た

よく読むと、③ちょっとおかしな詩です。寒い冬、草木に背《そむ》かれ、虫に逃げられ、人にはいやがられているというのに、④光太郎一人が冬の訪《おとず》れを喜《よろこ》んでいるからです。

冬がなぜ、光太郎の気に入ったのでしょうか。

一つは、冬の厳《きび》しさです。

冬には春のやさしさも、秋のうるおいもありません。あるのはただ、雪や風の冷《つめ》たさと、人を突《つ》き放すような厳しさだけ。

けれど、だからこそ、⑤すべてのものは、冬に自分の生地《きじ》をさらさずにいられません。冬はよけいな飾《かざ》りを刃物のように剝《は》ぎ取って、ものの本当の姿《すがた》をさらけ出してしまいます。

この＊鮮烈《せんれつ》な［⑥］を、光太郎は愛《あい》したのです。

もう一つは、冬のもったくましさです。

どんなにいやがられ、どんなに踏《ふ》みつけられても、冬は決してその手を緩《ゆる》めることはありません。同じように、すべてのものに訪れ、しみ透《とお》り、突《つ》き抜《ぬ》けていってしまいます。

この強烈《きょうれつ》な［⑦］を、光太郎は愛したのです。

（萩原昌好《はぎわらまさよし》「少年少女のための日本名詩選集《せんしゅう》」）

＊鮮烈な＝はっきりとしている様子。

(1) ——線①「公孫樹の木も箒になった」とありますが、イチョウの木がどうなった様子を表していますか。答えなさい。（10点）

（　　　　）

(2) ——線②「草木に背かれ、虫類に逃げられる」とありますが、これは冬のどのような様子を表していますか。答えなさい。（10点）

（　　　　）

(3) ——線③「ちょっとおかしな詩です」とありますが、なぜ「おかしな詩」といえるのですか。答えなさい。（10点）

（　　　　）

(4) ——線④「光太郎一人が冬の訪れを喜んでいる」とありますが、それは詩のどの部分から読み取れますか。次から選び、記号で答えなさい。（5点）

ア きっぱりと冬が来た
イ きりきりともみ込むような冬が来た
ウ 僕に来い、僕に来い
エ 刃物のような冬が来た

（　　）

(5) ——線⑤「すべてのものは、冬に自分の生地をさらさずにいられません」とありますが、それは詩のどの部分から読み取れますか。その部分をぬき出して答えなさい。（10点）

（　　　　）

(6) ⑥・⑦にあてはまる言葉を、文章からそれぞれ五文字以内でぬき出して答えなさい。（10点）

⑥ □□□□□
⑦ □□□□□

そうふく習テスト①

1 次の文章を読んで、あとの問いに答えなさい。

マタタビは、山の沢《さわ》ぞいに多いつる性《せい》の植物で、梅雨《ばいう》のころ直径《ちょっけい》二センチくらいのような白いかわいい花を咲《さ》かせます。花のつくりをよく見てみますと、おしべだけでめしべの退化《たいか》してしまった雄花《おばな》、一本のめしべだけの雌花《めばな》、おしべ・めしべのそろった両性化《りょうせいか》の三種類《さんしゅるい》があります。このようにいろいろな形の花があるものを雌雄《しゆう》雑居性《ざっきょせい》といいます。（中略《ちゅうりゃく》）

「ネコにマタタビ」ということわざがありますように、マタタビはトラやライオンに至《いた》るまでのネコ属《ぞく》を*恍惚《こうこつ》状態《じょうたい》にさせてしまうことは有名です。[①]、このマタタビにはクサカゲロウという虫が集まることはあまり知られていないようです。クサカゲロウは、夜、灯火《とうか》などにも飛《と》んでくるすきとおった網目模様《あみめもよう》の羽のある美しい虫です。日本には二〇種類《しゅるい》ほどのクサカゲロウがいますが、不思議《ふしぎ》なことにマタタビに集まってくるのは、この中でもヨツボシクサカゲロウという種類だけで、しかもオスだけなのです。ふつうクサカゲロウは、幼虫《ようちゅう》・成虫《せいちゅう》ともアブラムシなどの小さな昆虫《こんちゅう》を食べて生活しているのですが、マタタビという植物にさそわれ食べてしまうというのですから、これまた②不思議な現象《げんしょう》です。

数年前、自然《しぜん》教育園でマタタビの葉をつるしておいたところ、一夜で数百ものクサカゲロウが集まりました。また、世田谷《せたがや》区の自宅《じたく》でも試《こころ》みましたが、一〇〇匹《ぴき》近く集まりました。どうも[③]の違《ちが》いによりクサカゲロウの数も違いそうだとの推測《すいそく》のもとに、都内にすむ百人近い方々の協力《きょうりょく》を得《え》て、クサカゲロウの数を調べたことがあります。塩漬《しおづ》けのマタタビの実をつるし、集まったクサカゲロウ、そしてネコの数を調べてもらったのです。

その結果《けっか》、おおよそですが、緑の多い*郊外《こうがい》より緑の少ない都心部のほうが、クサカゲロウ・ネコの数が多いことがわかりました。どうも都心部でアブラムシなどの小昆虫が[④]という現象と関係《かんけい》がありそうなのです。[⑤]、人・ネコ・虫にとっても、マタタビは妖《あや》しげな魅力《みりょく》を持つ植物といえましょう。

（矢野《やの》 亮《まこと》「街《まち》の自然観察《かんさつ》」）

*恍惚＝気持ちよさそうにうっとりしている様子。
*郊外＝大きな都市のまわりの地域《ちいき》。

(1) [①]・[⑤]にあてはまる言葉を次からそれぞれ選び、記号で答えなさい。（8点）

時間	45分
合かく点	70点
得点	点

勉強した日　月　日

ア たとえば　イ しかし
ウ とにかく　エ しかも

①（　　）　⑤（　　）

(2) ——線②「不思議な現象」は、どの点が「不思議」なのですか。三つ答えなさい。（12点）

（　　）
（　　）
（　　）

(3) ③ にあてはまる言葉を次から選び、記号で答えなさい。（5点）

ア 温度　イ 環境《かんきょう》
ウ ネコの数　エ 高度

（　　）

(4) ④ にあてはまる言葉を、五字で答えなさい。（5点）

---

2 次の文章を読んで、あとの問いに答えなさい。

正太郎《しょうたろう》の父は、つないであった秋田犬のくさりを、夜の間だけとくことにした。犬は、ひと晩《ばん》じゅう、家のまわりをうろうろして歩いた。

正太郎は、夜中にふと目がさめた。秋田犬が、わんわん、すごい声でほえたてていた。かれは、①キツネのことを考えた。いつかの親ギツネが来たのかもしれない。

両親はぐっすりねむっていた。②かれは、そっとねどこをはいだして、家の角から＊納屋《なや》のほうをうかがった。

明るい月夜だった。

いた。いた。

例《れい》の親ギツネだ。

大きなキツネが一ぴき、ほえたてている犬に向かって、平気で近づいてくる。③かれは、まだひくひくする④ニワトリをくわえていた。

犬から六、七メートルのところまで来ると、キツネは立ちどまった。犬はほえながら、二、三歩前に出た。キツネは二、三歩あとにさがった。こんなことが二、三回くりかえされた。と、秋田犬は＊猛《もう》ぜんと親ギツネにとびかかった。親ギツネはすばやく体をかわしてにげだした。

秋田犬は、わんわんわんほえたてながら、やみの中にかけていった。犬の声は、たちまち遠くになってしまった。

と、どこからか、別《べつ》の親ギツネがのっそりあらわれた。

⑤正太郎はおどろいて、大きく目をみはった。

子ギツネは、［⑥］鼻を鳴らしながら、親ギツネにからだをすりつけた。

「ついておいで……」

というように、親ギツネは、二、三回ぴょんぴょんと雪の上をはねた。

子ギツネは、母ギツネについていこうとしたが、ふたとびで、ガチャンとくさりにくいとめられた。子ギツネはすわったままで、鼻を鳴らして鳴いた。

二回こんなことをくりかえすと、母ギツネは、くさりというふしぎなやつを見つけた。

じっと、くさりのにおいをかぎ、それから、するどい歯で、くさりを［⑦］とかんだ。

くさりはただ、かまれたところが白く光るだけで、*いっこうにかみ切ることはできなかった。

長い間かかってだめとわかると、親子のキツネは鼻づらをあわして、小さい声で鳴いた。

やがて、母ギツネは、あきらめたように⑧雪の上に横になった。子ギツネはくさりにつながれたままで、その母親のお乳《ちち》をすうのであった。

いつのまにか、先ほど犬をおびき出していった父ギツネも帰ってきた。

⑨かれは、母と子のキツネから、すこしはなれたところにすわると、首をしゃんとあげて、⑩二ひきのために見はりの役をするのであった。

「父ギツネは犬を遠くにおびき出すと、ニワトリをすててにげてきたのだろう。ばかな犬は、ニワトリにありついて、ゆっくりとそれをごちそうになっているのだ。なんてりこうなキツネだろう。」

と正太郎は感心するのであった。

（椋《むく》 鳩十《はとじゅう》「金色の足あと」）

＊納屋＝私をしまっておく小屋。
＊猛ぜんと＝勢《いきお》いのある様子。
＊いっこうに＝少しも。

(1) ――線①の「キツネ」について、次の問いに答えなさい。

A この「キツネ」を表す言葉を、物語の中から四字でぬき出して答えなさい。(5点)

B この「キツネ」は、このときどうなっていましたか。答えなさい。（10点）

（　　　　）

(2) ――線②、③、⑨の「かれ」について、次の問いに答えなさい。

A ほかの二つとはちがうものを指している番号を選び、答えなさい。（5点）

（　　）

B のこりの二つは、何を指していますか。物語の中の言葉で答えなさい。（5点）

（　　　　）

(3) ――線④「ニワトリをくわえていた」とありますが、何のためですか。物語の中の言葉を使って答えなさい。（10点）

（　　　　）

(4) ――線⑤「おどろいて、大きく目をみはった」とありますが、なぜですか。答えなさい。（10点）

（　　　　）

(5) ⑥・⑦にあてはまる言葉を次からそれぞれ選び、記号で答えなさい。（10点）

ア ぽりぽり　イ がりがり

ウ くんくん　エ とんとん

⑥（　　）⑦（　　）

(6) ――線⑧「雪の上に横になった」とありますが、何のためですか。答えなさい。（10点）

（　　　　）

(7) ――線⑩「二ひきのために」とありますが、その「二ひき」を文章中の七字の言葉で答えなさい。（5点）

そうふく習テスト❷

時間 35分
合かく点 70点
得点 点

勉強した日 月 日

1 次の文章を読んで、あとの問いに答えなさい。

サル類《るい》は約六五〇〇万年前の*暁新世《ぎょうしんせい》に、熱帯《ねったい》雨林の中で、食虫類が進化して誕生《たんじょう》した。食虫類とは昆虫《こんちゅう》やミミズなどの虫けらを主食にしている哺乳類《ほにゅうるい》のことで、沖縄《おきなわ》や九州の一部にいるジャコウネズミやモグラの仲間《なかま》である。

熱帯雨林は、①単なる木々の寄《よ》り集まりではない。*樹冠《じゅかん》の平均高《へいきんだか》は四〇メートルに及《およ》ぶが、葉をいっぱいに広げた高木はお互《たが》いに重なりあって、こんもりした樹冠――緑の屋根を作っており、それを突《つ》き抜《ぬ》けて八〇メートルにも達《たっ》する超高木《ちょうこうぼく》が突《つ》っ立っている。樹冠の下は中高《ちゅうこう》木層《ぼくそう》、低《てい》木層、下生えなどによって五～六層の階層構造《かいそうこうぞう》を形成《けいせい》する。いわば熱帯雨林は六階建《かいだ》ての緑のビルディングのようなもので、この広大な空間をだれにも邪魔《じゃま》されることなく、サルの先祖《せんぞ》は、のびのびと利用して暮《く》らすことになった。

熱帯雨林の際立《きわだ》つ特徴《とくちょう》は、樹種《じゅしゅ》が非常《ひじょう》に多いことである。目につく木はみんな種類《しゅるい》がちがう。東南アジアでは直径《ちょっけい》三〇センチ以上《いじょう》の木だけでも、一・六ヘクタールに二〇〇種以上ある。植物の種類が多いことは、サルから見れば、多彩《たさい》なメニューが用意されていることにほかならない。森林階層によって植物の種類が異《こと》なるから、サルにとって熱帯多雨林は、各階にいろんな［②］を並《なら》べた六階建てデパートということになろう。

となれば、森は無限《むげん》の食料宝庫《しょくりょうほうこ》といってよさそうだが、③実はそうではない。熱帯雨林の葉や種子《しゅし》には、有毒物質《ゆうどくぶっしつ》が非常に多いのだ。樹種の七〇％が有毒《ゆうどく》な*アルカロイドを持っているという報告《ほうこく》もある。なぜそうなのか。たいへん面白《おもしろ》い話題だが、ここでは詳《くわ》しい説明《せつめい》を省《はぶ》いて結論《けつろん》だけを言えば、動物に葉っぱを食べられないためである。熱帯雨林の植物は、動物に食べられないように*防衛《ぼうえい》システムを作りあげた。

このために、④哺乳類《ほにゅうるい》は樹上《じゅじょう》という広大な*三次元の生活空間に進出することができなかった。ところが、サル類の先祖は虫類を食べているから、植物は有毒であろうとなかろうと、*採食《さいしょく》生活には関係《かんけい》がない。だから、哺乳類の中で樹上生活を確保《かくほ》することができるようになったのである。

しかし、昆虫類は中層部以下《いか》には少ないし、採食効率《こうりつ》が悪い。目の前に無限《むげん》といってよいほどある豊《ゆた》かな植物を放っておく法《ほう》はない。第一に狙《ねら》ったのは果実《かじつ》である。果実は植物側《がわ》からいえば、種子散布《しゅしさんぷ》のためには、動物に食べてもらう必要《ひつよう》があるが、*胚《はい》を食べられると元も子もなくなってしまう、という⑤*矛盾《むじゅん》した性格《せいかく》を持っている。それを解決《かいけつ》するための一つの方法《ほうほう》は、⑥果肉をおいしくして、中の種を有毒にすることである。事実、森の植物には、このような果実が多く見られる。

　実は、果実は蛋白質《たんぱくしつ》が少なく栄養価《えいようか》が低《ひく》い。最《もっと》も栄養価が高いのは葉で、蛋白質*含有量《がんゆうりょう》は果実の五～一〇倍もある。果実は季節《きせつ》があり、しかも豊作不作《ほうさくふさく》があって不安《ふあん》定《てい》だが、葉っぱだと生産量《せいさんりょう》の変動《へんどう》が少なく、しかも大量《たいりょう》にある。⑦サル類の採食戦略《せんりゃく》のターゲットは、次に葉食に向けられた。

　問題は葉が持つ毒物対策《たいさく》である。これに対してサルは二つの作戦をとった。

　一つは無毒《むどく》なものを選択《せんたく》して食べること。もう一つは有毒なものは少量だけにし、多量は食べないことである。サルたちは巧《たく》みにこの戦術《せんじゅつ》を使い分け、葉っぱを食物に取り入れることに成功《せいこう》した。食物資源《しげん》を確保すれば、もうしめたものである。サル類はこうして森林に安住の地を見出《みいだ》し、自分らだけの緑の王国を建設《けんせつ》したのである。

（河合雅雄《かわいまさを》「進化の隣人《りんじん》　サルとの対話」）

---

*暁新世＝約六六〇〇万年前から約五六〇〇万年前。
*樹冠＝木の上の、枝《えだ》や葉がしげっている部分。
*アルカロイド＝植物が持っている成分《せいぶん》の一つ。
*防衛＝他からの攻撃《こうげき》から、守ること。
*三次元＝縦《たて》・横・高さの方向に広がっていること。
*採食＝食べ物を体に取り入れること。
*胚＝種の中にあって、芽のもととなるもの。
*矛盾＝二つのことがくいちがって、つじつまが合わないこと。
*含有量＝中に含んでいる量。

(1) ——線①「単なる木々の寄り集まりではない」とありますが、熱帯雨林はどのような森ですか。次から選《えら》び、記号で答えなさい。（5点）

ア 木の枝がふくざつにからみ合った網《あみ》のような森。
イ 木と木のすき間がせまくて通りにくい、迷路《めいろ》のような森。
ウ 地面、低いところ、中くらいのところなど、高さによって様子が変《か》わる、高い建物《たてもの》のような森。
エ 高いところに葉っぱが広がって屋根をつくっている、ドーム球場のような森。

（　　）

(2) ②にあてはまる言葉を三字で答えなさい。（10点）

(3) ——線③「そうではない」について、次の問いに答えなさい。

A「そうではない」とは、どのようなことですか。「熱帯雨林は□と いうわけではない」の□をうめて答えなさい。(10点)

（　　　　）

B「そうではない」のはなぜですか。理由を書きなさい。(10点)

（　　　　）

(4) ——線④「哺乳類は樹上という……進出することができなかった」とありますが、なぜ「進出することができなかった」のですか。答えなさい。(20点)

（　　　　）

(5) ——線⑤「矛盾した性格」をわかりやすく言いかえた次の文の A ～ C をうめて答えなさい。(15点)

A を食べることで、動物は遠くまで種を運んでくれるが、 B ごと食べられると C が出せないので、運んでもらった意味がなくなるということ。

A（　　　　）
B（　　　　）
C（　　　　）

(6) ——線⑤「果肉をおいしくして、中の種を有毒にする」と、動物はどうしようとするか、答えなさい。(15点)

（　　　　）

(7) ——線⑦「サル類の採食戦略のターゲット」は、どう変化《へんか》してきましたか。文章中から言葉をぬき出し、順《じゅん》に答えなさい。(15点)

（　　　　）→（　　　　）→（　　　　）

小学4年

答え

国語 読解力／標準問題集

1 言葉の意味⑴

・2・3ページ（ステップ1）

1 ①エ ②ウ ③イ ④ア

2 ①元日 ②耳ざわりな ③雨もよう
④失笑 ⑤かばい ⑥うろついて
⑦精いっぱい

考え方 ①「元旦」は一月一日の朝をさします。②「耳ざわり」とは、聞いた音が気にさわる(不快《ふかい》に感じる)、③「雨もよう」は雨がすぐにでも降りそうな様子、④「失笑」は思わず笑《わら》ってしまうことです。⑦「力いっぱい」は積極的《せっきょくてき》にがんばるときに使い、「精いっぱい」は消極的《しょうきょくてき》な場合に使うときが多い言葉です。この例文《れいぶん》は、積極的とはいえず、どちらかといえば消極的です。

3 イ

考え方 「もっと」は、ある状態《じょうたい》がさらに強い状態になる様子を表します。したがって、「もっと光を」は、すでに明るい状態で、今よりもさらに明るくしてくれ、という意味と考えることができます。

4 ①ウ ②エ

・4・5ページ（ステップ2）

1 ⑴ア ⑵②カ ③イ ⑧ア ⑨エ
⑶ウ ⑷ウ ⑸ウ ⑹イ

ここに注意 「目を疑う」「手塩にかける」のような、きまった言い方を「慣用句《かんようく》」といいます。体の一部を使ったものが多くあります。

2 言葉の意味⑵

・6・7ページ（ステップ1）

1 ①イ ②エ ③ウ ④ア

考え方 二字の熟語《じゅくご》の意味を問う問題です。漢字の意味にも注意します。

2 ①ア ②ア ③イ ④ア

ここに注意 正解《せいかい》でなかった方は、最近《さいきん》まちがって使われることが多い意味です。正しい方をしっかり覚《おぼ》えます。

3 イ

4 ア

・8・9ページ（ステップ2）

1 ⑴①ア ③キ ④ウ ⑧カ ⑩イ
⑵オ
⑶ウ
⑷ア
⑸⑦エ ⑨ア

考え方 ⑴「手先や指先によって、きわめて微妙な重さや厚さの違いを感じることができる」から、触覚だと考えます。⑷「随一」は、同じ種類《しゅるい》のものの中で一番であることを表します。

←ひっぱると、はずして使えます。

3 指示語をおさえる

・10・11ページ（ステップ1）

1 ①公園 ②小麦粉 ③青い屋根の家
④西の方

考え方 「これ、それ、あれ、どれ」といった指示語を「こそあど言葉」ともいいます。「こ」は話し手に近いもの、「そ」は相手に近いもの、「あ」はどちらからも遠いもの、「ど」はわからないものを指すときに使います。

2 ①イ ②オ ③エ ④ウ

3 ウ

考え方 「こういう『思想家』」は、具体的《てき》にはソクラテスのことです。

4 ア

考え方 「清少納言が他の二人に勝っていたのは何か、ということになりますが、それは」とあります。この「それ」は「清少納言が他の二人に勝っていたもの」なので、「それは」に続《つづ》く部分に答えがあります。

●12・13ページ（ステップ2）

1 (1)ア
(2)ウ
(3)ア
(4)星座
(5)ア
(6)ひとつの道を究めた人（についての話）

考え方 (2)「数字を言うだけで……いつでもわかるのです」から、星の位置を表す数字があり、ある数字がわかれば、その数字で表されている星の位置がわかる、ということになります。(3)すぐ前の「数字を言うだけで……わかるのです」で、何が「わかる」のかに注目します。(5)すぐ前の「宇宙空間の中で」から始まる三つの文で、「自分が迷子になったように思える」「自分がどこにいるのだろうと思えてしまう」「自分はどこにいるのだろう」と、同じことがくり返されています。(6)「星の科学者さん」は七字です。

ここに注意 (5)のように、同じことがくり返されていることがあります。くり返しに指示語が使われていることもあります。筆者が何度も言っているということは、それだけ大事なところなので、注目するようにします。

4 接続語をおさえる

●14・15ページ（ステップ1）

1 ①(例)しかし(だが)
②(例)だから(それで)
③(例)ところで
④(例)つまり(すなわち)

2 ①ウ ②エ ③オ ④ア

考え方 接続語は、その前と後の意味がつながるように考えます。二つの文の内容《ないよう》を正しく理解《りかい》して選びましょう。

3 イ

考え方 前の「まったくちがう味でした」と後の「いまは、日本中でおふくろの味もふるさとの風景もそっくりになってしまった」の関係を見きわめます。

4 ①ウ ②イ

考え方 「また」は、前の文になにかをつけくわえるときに使います。

●16・17ページ（ステップ2）

1 (1)①ウ ②イ
(2)ア

考え方 (1)①「身近な生き物だった」と「(ちょっと)見てこよう」をつなぐ言葉を考えます。
②□の前後が、どちらもこうもりを見つけにくい条件《じょうけん》になっていることに注目します。(2)他のことは置《お》いておいて、後に来るものを強める言葉が「何しろ」です。「何にせよ」「なにせ」なども同じはたらきをします。

2 (1)①イ ④ア
(2)②ウ ⑤ア ⑥イ
(3)ウ

考え方 (1)思いや気持ちは「ふつふつ」とわき、頭の中は「モヤモヤ」してきます。(2)②「頭の中に思いや気持ちがある」と「意識できるのはごく一部」をつなぐ言葉を考えます。⑤「自分を表現したい欲求」と「自己表現欲求」はほぼ同じ意味です。⑥前の「モヤモヤが解消され」と後の「自分の思いや気持ちが自分でわかれば」を接続する語を考えます。(3)すぐ前の「さらに」を手がかりにして考えます。

●18〜21ページ（ステップ3）

1 (1)(例)現地の人と友だちになるためには、現地の言葉を少しは勉強すべきだと考えているから。(四十字)
(2)②オ ③イ ⑥ア
(3)二〇個くらいの例文
(4)ウ
(5)エ

考え方 (1)「先生を探して」言葉を教えてもらったという文のあとに、その理由が書いてあります。(4)すぐ前の「でも」に注目します。

ここに注意 指示語《しじご》の指している内容《ないよう》（指示内容）は、その直前から順《じゅん》に前をさかのぼってさがしていくことが原則《げんそく》です。また、それを見つけるポイントは、指示語の後ろ（多くは直後）にあります。(3)の場合は、直後の「（その）発音」がポイントです。

2
(1)①ウ　②エ　③イ　⑩ア
(2)④エ　⑧ア
(3)イ
(4)A高校生だからって山では甘えはきかないぞ。（二十字）　B（例）学校の勉強とちがって、山では自分で動かず人の助けを期待するようでは命に関わることになるから。
(5)甘え
(6)エ

考え方 (1)①月光が反射して光る様子を表す言葉なので「ギラギラ」が入ります。②荒い呼吸をしているところなので「ハーハー」が入ります。③ザックを持ったときの様子です。「こんな軽い荷物」と言っていることから、軽いものを持つときに使う言葉が入ります。⑩モヤモヤが晴れた様子を表す言葉なので「スカーッ」が入ります。(3)すぐ後に、雪上訓練をバテるほどやっていることが書かれています。(4)A岩崎さんが筆者に伝えようとしていることを読み取ります。B「効いた」とは、岩崎さんの言葉の効果《こうか》があった、つまり、筆者が岩崎さんの言うことを聞こうと真剣《しんけん》に思った、ということです。同じ段落《だんらく》に、「効いた」理由が書かれています。(5)「疲れたから何とかしてくれよ」は、岩崎さんの言葉の中の「みんなが助けてくれる、という考え方」と同じです。これを二字で表す言葉をさがします。(6)「やりとげた」「モヤモヤが晴れた」から考えます。

ここに注意 「ギラギラ」「スカーッ」のように、ものの様子をそれらしく表す言葉を「擬《ぎ》態語《たいご》」といいます。

5 場面をつかむ

• 22・23ページ（ステップ1）

1 ウ

考え方 お母さんの言葉から、二人が別《べつ》の場所にいることがわかります。また「わたしは、へやのまん中で赤々と燃えているストーブを見た」から、月子が家にいることがわかります。

2 ウ

考え方 「旅行案内」に書いてあることから考えます。

3 ルリシジミ・風・生まれるところ

考え方 登場人物は、語り手である「わし」と「ルリシジミ」であることがわかります。

4 ウ

考え方 「けん」が泣くと「おばあちゃん」が「けん」をへやで寝ている「お母さん」のところに抱っこしてつれていき、お乳を飲ませる、ということから、「けん」が赤ちゃんで、「お母さん」がちがうへやで寝ていることがわかります。

• 24・25ページ（ステップ2）

1
(1)ウ
(2)エ
(3)ア
(4)イ
(5)ウ

考え方 (2)「畑違いの会社に勤めてからも」から、会社に勤めていることがわかります。(3)「売り込むのが我ながらまともではない薬である」から考えます。(4)すぐ後の吉田の言葉に注目します。(5)吉田の動作や言葉から、吉田が薬の開発に前向きになっていることを読み取ります。

ここに注意 登場人物の言葉や行動、会話に対する反応《はんのう》などから、その場面で起きていることや、人物の心の動きを読み取ります。

6 あらすじをとらえる

• 26・27ページ（ステップ1）

1 イ→エ→ア→ウ

考え方 「運転手は、バックミラーでわたしをちらっとみて」から、タクシーの車内での会話であることがわかります。「遮断機がおりたのに、電車はとおらなくて、だからふしぎで」から、夜中に遮断機のおりたふみきりを「わたし」が見て、ふしぎに思っていたことがわかります。

❷ イ→ア→ウ

考え方 「サトが乗る駅を過ぎたことに気付かないでいた。次の～」から、「わたし」が電車に乗ってから、「サトが乗る駅」を過ぎたことがわかります。

❸ エ→ア→ウ

考え方 はじめの段落《だんらく》に「血統はまるきり介在しない」「熱心に養育し」とあるので、柏原夫妻が隆一くんを引き取って育てたことがわかります。

❹ ア→ウ→イ

考え方 「ワニを消して！」「目をさました」から、夢の中でワニにおそわれるか、追われるかしていることがわかります。

• 28・29ページ（ステップ2）

❶ (1)エ
(2)②イ　③ウ
(3)ア・エ・オ・キ（順不同《じゅんふどう》）
(4)ア→エ→キ→オ

考え方 (2)「歯はガチガチ」音をたて、「目はカッと」あけます。(4)事故にあったのは、誠の両親と妹です。祐一は、自分の両親と誠といっしょに事故を目撃《もくげき》していきます。誠はその後、名古屋に引き取られていきます。祐一は、誠に葉書を出す決意をし、後にその話を「私」にしています。

ここに注意 物語は出来事の起きた順に書かれているとは限りません。書いてある順と出来事の起きた順をまちがえないよう、場面を整理しながら読みましょう。

7 心情を読み取る

• 30・31ページ（ステップ1）

❶ エ

考え方 すぐ前に「そんなもの、どこにもあるはずがない」と書かれています。

❷ イ

考え方 飼主の奥さんと娘の会話から、「モタロウ」と「カグヤ」の間に生まれた子供《こども》たちを他へあげる相談をしていることがわかります。さらに、すぐ前の「あんなこと……やっちまうのに」から、「とうさん」には飼主の言葉がわかっていて、子供をいつも連れていかれてしまうのを不満に思っていることがわかります。

ここに注意 ❶や❷のように、物語の登場人物が人ではないこともありますが、心情は人の場合と同じように、書かれていることから読み取ることができます。

❸ エ

考え方 すぐ後で「人には言えない悪いことでもしているみたいだ」と書かれています。

❹ (1)通りすがりの誰も
(2)イ

考え方 (2)「到頭此の梅の木は駄目らしいな」と言って通る人々と主が「同じ心持」であることから、梅の木が枯れそうだと主が思っていることがわかります。蕾の数を数えるのは、まだ枯れていないことを確《たし》かめるということです。

• 32・33ページ（ステップ2）

❶ (1)エ
(2)（例）ステンドグラスがうきださせたうつくしい絵（が）匠の見たゆめ（とそっくり。）
(3)ア
(4)④ア　⑤イ

考え方 (1)すぐ前に「へらへらとわらったが」と書かれています。「が」から、実際《じっさい》には笑《わら》える心境《しんきょう》ではないことがわかります。(2)ステンドグラスがうきださせた」うつくしい絵、それが「マリアさまが、あかちゃんのキリストをだいている」絵だとわかって、匠はさけんでいます。(3)「ここだ。ゆめとおんなじだ……」という言葉から、十字架のマークも夢で見た場所にあったことがわかります。(4)それぞれ、すぐ後ろの部分から哲也や純ぺいの心情を読み取ります。

8 心情の移り変わりをつかむ ……

● 34・35ページ（ステップ1）

❶ ウ

考え方 「がんばれ」という応援《おうえん》を聞いての変化《へんか》です。すぐ後ろの「くそっ、負けるもんかっ。」からも、勇気を出していることがわかります。

❷ イ→ア→ウ

考え方 「カヤも心でおうえんしました」「ふと、さびしくなりました」「おそい！カヤは歩道を行ったり来たり、せかせかと歩きまわりました」に、それぞれの心情が表れています。

❸ イ

考え方 「許そうと思った」とあるので、それまでは何かがあって許せない気持ちになっていたことが読み取れます。「いとおしいと思った」は、そのまま書いてあります。

❹ イ

考え方 「心ぼそさが、また……」の「また」から、一度消えた心ぼそさがまたやってきたことがわかります。また、マンガを「七回」読んでいることから、「心ぼそい→楽しい→心ぼそい」を七回くり返したことが読み取れます。

● 36・37ページ（ステップ2）

1 (1)イ (2)ウ (3)Aエ Bエ

考え方 (1)すぐ後の「由樹奈なんか、引っ越してこなければよかった」から、あまり好意的な気持ちではないことがわかります。

(2)「思ってくれてたんだって」の「～てくれる」という表現《ひょうげん》は、相手がこちらにとってプラスになることをする時によく使われる表現です。つまり理央（わたし）は、由樹奈が「うらやましい」と本気で思っていたことについて、ありがたさやうれしさといった気持ちをもっていると考えられます。

(3)「おかげで……」の後に、由樹奈がくっついてくるようになってよかった点が二つ書かれています。「わたし」の気持ちが変化したことが、ここからわかります。

ここに注意 物語の中で、中心人物の心情の移り変わりには、物語をもりあげる効果《こうか》があります。心情の移り変わりに注目して読むようにします。

9 原因・理由をつかむ ……

● 38・39ページ（ステップ1）

❶ ア

考え方 第一段落《だんらく》と、第二段落のはじめの文で馬を「『匹』で数えるようになった理由」が説明されています。第二段落では続《つづ》けて、他の動物も「匹」と数えられるようになっていったことが書かれています。

❷ ア

考え方 第一文で、窒素、リン、カリウムは土の中には少ないということがわかります。第二文では、窒素は大気中に大量にあるが、植物はそれを直接利用できないことが書いてあります。

❸ ウ

考え方 はじめの文で「冷夏」とあることから、季節が夏であることがわかります。「海の家」「ビール」は暑い夏に売り上げがのびるものなので、そういったものの売れ行きが悪くなるほどに気温が上がっていない、ということを読み取ります。

❹ イ

考え方 すぐ後に「たいへんな名誉だからです」と書かれていますが、その後の「考えてもみてください」からは、勅撰和歌集が千年後も作者の名とともに残っていることが書かれているので、ここでいう「名誉」とは、後世に名前が残ることであるとわかります。

ここに注意 理由を説明するときに、具体例《れい》が書かれていることがあります。何のために書かれた例なのかを考えるようにします。

● 40・41ページ（ステップ2）

1 (1)ウ

(2)イ
(3)ウ
(4)Aオ Bア Cエ

考え方 (2)すぐ後の「よい学校……という考えだ」から読み取ります。(3)最後《さいご》の段落《だんらく》の内容《ないよう》から、北斎の作品が市村家以外《いがい》の家にもあったこと、死蔵はもったいないこと、流出の防止策になることがわかります。(4)すぐ後の段落に注目します。

• 42～45ページ（ステップ3）

1 (1)①イ ②エ ⑧ア
(2)(例)自分が落としたと思われるのではないかと、不安に思っているということ。
(3)④理由 ⑤安心 ⑦(例)花をあげる
⑨(例)うれしい
(4)(例)絹子がたのめば花をくれる人かどうか、考えていたから。（花をもらおうというたのみを切り出すのに、勇気が必要だったから。）

考え方 (1)①は「早口で言った」から、②は「信じてもらえるだろうかというように」から、⑧は「目をかがやかせていた」からわかります。(2)「みーちゃんが落としたんじゃないの。最初から落ちてたの。本当にそうなの」という女の子の言葉からわかります。(3)④「ああ、そういうことか」から、⑤は「だからだれもアナタが取ったなんて思わないわよ」から考えます。⑦は「あの花、もらっちゃだめ？」に対して絹子が答える前の笑顔であること、⑨は「ついこちらまで」から考えます。(4)すぐ後で「あの花、もらっちゃだめ？」と言っていることから、たのみごとを切り出す前の気持ちを考えます。

2 (1)(例)紙コップの水をこの草にかけた（この草に紙コップの水をかけた）（こと。）
(2)②オ ③エ ⑤ア
(3)(例)茎が立ち上がり、葉がひらいて元気になっている感じ。
(4)Aジョウロをさがしている(十一字)
B(例)草に水をやるため。

考え方 (1)「昨日水をやった鉢だけ、元気になってるんだ」から、元気になったのは昨日水をやったからだとわかります。「昨日」の場面を見直して、この草に何をしたのかを考えます。(3)水をやった鉢の様子について書いてある部分から考えます。(4)①「まわりを見るがない」から、ジョウロをさがしていることがわかります。②ジョウロがないことがわかった「そいつ」が、かわりに牛乳パックを使って何をしているのかを見ていきます。

10 事実と意見

• 46・47ページ（ステップ1）

1 ウ

考え方 「幼虫は水の中で暮らします。」とあるのでウが事実とわかります。

2 ①

考え方 「鳥が死んだ」ことは事実ですが、それ以外は筆者が頭で考えた意見です。

3 ①イ ②ア ③ア ④イ

考え方 ②と③は歴史上《れきしじょう》のできごとで、確《かく》認《にん》することができます。

4 (1)①ア ②ア ③ア ④ア ⑤イ
(2)データ

考え方 ①～④はうらづけとなるデータが示されている事実です。⑤はそのデータからみちびき出される意見です。

• 48・49ページ（ステップ2）

1 (1)エ (2)イ
(3)イ
(4)5
(5)そのことは
(6)したがって
(7)(例)生態系とはどういうものかを、多くの人に理解してほしい。（二十七字）

考え方 (2)——線の文は、確《かく》認《にん》することができません。筆者の意見になります。(3)段落3には三つの文がありますが、いずれも予測《よそく》した意見であって、事実ではありません。(4)(5)段落5の「そのことは、拙著『自然はそんなにヤワじゃない』にも書きました。」は、筆者が実際《じっさい》に書いたかどうかを確認できるので、事実と考えられます。(6)最後の段落は、それまでに書いてきたことをふまえて、文章の結論《けつろん》をのべている部分になっているので、筆者が一番強くのべたかった意見だということがわかります。(7)段落6の内容《ないよう》を字数内におさまるようにまとめます。

ここに注意 意見の中でも、文章内で大事な意見とあまり大事ではない意見があります。筆者が一番強く言いたい意見が、一番大事な意見ということになります。

11 段落の構成をつかむ

• 50・51ページ（ステップ1）

1 イ

考え方 問いが書かれているのは、最初の段落ではなく、その次の段落です。

2 ウ→イ→ア

考え方 イとウはほとんど同じ内容《ないよう》をくり返しているので、続《つづ》いていると考えられます。「土の中に眠っています」で終わるイと「その土の中に……」という部分をふくむアがつながるので、ウ→イ→アの順になります。

3 ア

考え方 文章の題名や、1の（　）内から、「えんぴつ」は例で、この文章で本当に取り上げたい問いは「いのちとは何か」だということがわかります。

ここに注意 のべたいことや意見を最初《さいしょ》からのべるのではなく、具体的なものを示してから、それをふまえて意見や大事な問いが書かれていることがあります。読者にわかってもらおうとする、筆者のくふうです。

4 エ→イ→ア

考え方 はじめの段落で『百人一首』のかるたの紹介《しょうかい》をしてから、かるたの歴史を説明しています。次の段落で、かるたの遊びをいくつか紹介しています。

• 52・53ページ（ステップ2）

1 (1)1 (2)4 (3)イ (4)エ (5)(例)地面近くまでできた種は・土の中の深いところにあった種は

考え方 (2)実験の結果について、なぜそうなったのかを説明してある段落を選びます。(3)3で芽生えの茎の長さを見ています。この長さが短いことから、地面に近い種が芽を出したことがわかったということが、4に書かれています。(4)1～3の実験について分かったことが4に書かれています。これが実験の結論になっています。この結論から出てきた、新しい問いが書かれているのが5です。(5)(4)をふまえて、段落5からぬき出して答えます。

12 主題をとらえる

• 54・55ページ（ステップ1）

1 ウ

考え方 はじめの文に「なによりも怖いのは、ムササビだ」と書かれています。

2 イ

考え方 会話をしているのがだれとだれか、会話の内容から、話しているのはだれかを読み取ります。ここでは、「わたし」と「香山さん」の二人が話をしています。

3 ウ

考え方 この文章で書かれているのは「写真機をさげて東京を歩いている」「写真機を持ち歩くと気がつくことがある」「写真機を持ち歩くということは、もう一つの目を持つことだ」ということなので、「写真機を持ち歩く」に近いものを選びます。

4 ウ

考え方 「やっぱりここは鹿の教えたお湯だなあ」とあります。

ここに注意 文章の主題は、文章の中で同じ言葉がくり返されていたり、同じような性質の文（例）❷のつじつまの合わない話）がいくつも書かれたりしていることに注意して読み取ります。

● 56・57ページ（ステップ2）

❶ (1)イ
(2)ア

考え方 (1)「雲のむれを西から東に連れて行く」から、雲を動かす「風」であることが分かります。(2)「ぼく」はランを雲とまちがえて、あわてて駆けおりてきてから、猫だったことに気づいています。

❷ (1)おとな
(2)ア

考え方 (1)安雄さんが仕事を習っている様子、「一人まえの[中]」「子どもとは遊ばん」などから考えます。(2)「虫がえだから落ちるように、力なく、小さい太郎はこうしからはなれました」は、今まで遊んでくれた安雄さんが「おとな」になってしまい、もう遊んでくれないことが、小さい太郎にもわかったことをあらわしています。

13 結論をつかむ

● 58・59ページ（ステップ1）

❶ この問いには

考え方 最後《さいご》の一文は、それまでくり返されてきたことがまとめられています。この部分が結論です。

❷ エ

考え方 「忙しくもひまでもない」のがいいのに「世間が許してくれない」と書かれた後に、モントリオールでの経験《けいけん》が出てきます。ここから、「忙しくもひまでもない」状態《じょうたい》にいた「ぼく」にかけられた「がんばれよ」が、「もっと忙しくしなさい」という意味だということを読み取ります。

❸ 言葉は〜です。

考え方 最後の一文が、結論になっています。

❹ イ

考え方 「生け垣が無用の長物でないことがわかった」ことが書かれた後の「こうして」以降《いこう》がこの文章の結論になっています。取り払われた生け垣の重要性がわかったので、生け垣を「再生」する機運が高まったのです。

● 60・61ページ（ステップ2）

❶ (1)エ (2)言葉 (3)ア (4)イ (5)イ

考え方 (3)第三段落《だんらく》に「平安時代の人たちは、神経にさわるものに出くわしたとき、……」とあります。(5)「神経」という言葉が入ってくる前の平安時代の人は、不快さを「にくい」と表していて、筆者はそれを「健康さ」と、プラスに評価《ひょうか》しています。ここから、その「健康さ」を現代人も見習ったほうがよい、という内容《ないよう》が結論になります。

ここに注意 結論はその文章の主題に対して一番のべたかったことになるので、結論が読み取れない場合には、主題を確認《かくにん》してみるとよいでしょう。

● 62〜65ページ（ステップ3）

❶ (1)(例)奥といえるほど大きな家ではないことを表したいから。
(2)ウ
(3)②許し（許可） ③ありがたく
(4)相手が自分に許可をあたえる（十三字）（相手が自分を上がらせてくれる）（十四字）
(5)ウ
(6)⑥させてもらう ⑧させていただく
(7)イ

考え方 (1)「一応」は、十分ではないものの、ひととおりの条件《じょうけん》がそろっている様子を表します。「一応奥」は「奥としては十分ではない」ということになります。(2)第二段落に、昔の思い出を書いた理由があります。(3)②は前の行の「許可を得て」から、③は次の段落の『受け入れてくれてありがとう』という感謝の気持ち」から考えます。(4)許可をもらう前に上がっているということから、許可がもらえることがわかっている、ということになります。(5)最近は「気が置けない」を、逆《ぎゃく》の意味（＝気が許《ゆる》せない）で使う人が増《ふ》えています。まちがった使い方ですので、注意しましょう。

❷ (1)アリ・(例)外敵から守ってもらう
(2)ウ
(3)ア
(4)ネズミ・ナメクジ（順不同《じゅんふどう》）
(5)(例)種子に好物のエライオソームが付着していたから。
(6)エ

考え方 (1)すぐ後に「植物に害虫が寄りつこうとすると、アリがやってきて追っ払ってくれるのである」とあります。(2)蜜をアリが食べるので「餌」になります。(3)「植物を守ってやるという気持ちはさらさらないだろう」から、アリが守っているのは、餌が取れる場所だとわかります。(4)種子を狙う生物が二種類書かれています。(5)次の段落《だんらく》に書いてあることから考えます。

14 物語を読む (1)

• 66・67ページ（ステップ1）

❶ ウ

考え方 二人の会話の中に「覚えている？」と出てくることから、植物で遊んだ（おそらく子ども時代の）共通《きょうつう》の経験《けいけん》があることがわかります。

❷ エ

考え方 「けれど」の後に「ただ笑いたくて笑ったんだという単純な美しさ」と書かれています。

❸ エ

考え方 三・四段落《だんらく》で「ぼく」の名前が上、「母親」の名前が下に書いてあることがわかります。

❹ ウ

考え方 「りっぱな背広を着たきつねの紳士」から、「きつねの紳士」が人間のような服装《ふくそう》をしていることがわかります。「うさぎの婦人」は「きつねの紳士」といっしょにやって来ていること、「ネックレスをつけた」、「ハンカチをひらひらさせる」といった描写《びょうしゃ》、パンツをはいていない「豚」を見てまっ赤になっていることから、服を着ていることが推測《すいそく》できます。「豚」は「パンツをはいていない」ことから、服を身につけていないことがわかります。婦人ははずかしがっていますが、本来動物は服を着ていないものなので、「豚」がはずかしいことをしているというわけではありません。

• 68・69ページ（ステップ2）

1 (1)⑤
(2)(例)お祖父ちゃんとお祖母ちゃん（どちらか一方、「祖父母」なども可《か》）のいる北海道とお父さん（「父」なども可）のいる福岡（順番《じゅんばん》がちがっていても正解《せいかい》）
(3)④イ ⑥ウ ⑩ア
(4)ウ

考え方 (1)「この人は、そんなこともわからないの？」は疑問《ぎもん》の形ですが、それに対する答えはありません。話している相手を会話の中で「この人」と呼《よ》ぶことも不自然です。したがって、――⑤は依子の心の中の言葉と考えられます。(2)「福岡でもいいの……北海道の方が現実的じゃない」から、「どっち」が福岡と北海道であることがわかります。(3)「この学校でこの学年を続け」ることができ、かつ母にとって「いじわる」なものはどれなのか考えます。

ここに注意 ふつう、登場人物が発した言葉や思ったことは「」でくくられていますが、あえて「」を使わない文章もあります。この場合、どこからどこまでが、発した言葉や思ったことなのか、注意する必要《ひつよう》があります。

15 物語を読む (2)

• 70・71ページ（ステップ1）

❶ エ

❷ ウ

考え方 「シャッターチャンスをにがしません」から、写真をとっているのだということがわかります。

❸イ

考え方 この日に「ぼく」に起こった出来事で読み取れるものが二つあります。一つはバットを買ってもらって三回打てたこと、もう一つは手紙が自分でも感心するほどよく書けたことです。ここから判断《はんだん》すると「とても良い日」が選べます。

❹イ

考え方 すぐ前に「お棺の中のおばあちゃんみたいに、冷たくもかたくもない」とあります。「お棺の中」にいるということは、死んでいるということなので、その反対の「生きている」が入ります。

• 72・73ページ（ステップ2）

1 (1)エ
(2)エ
(3)ウ
(4)ウ
(5)イ

考え方 (2)すぐ前の段落《だんらく》に書いてあることと合うものを選びます。(3)[③]の後になって初めて《はじ》「空気って読めるんか?」という言葉が出てきます。ここから[③]が「空気を読め」という意味の言葉だということがわかります。(4)「ぼくはひとつも読まれへんかった」から、空気に書いてあったのは、「ぼく」が「みんな」から言われるまで気がつかなかったことだとわかります。

春香の言葉の中にあった「ありがた迷惑」が、これにあたります。(5)「ぼくはひとつも読まれへんかった。そやけど、みんなは読めるらしい」から、自分一人だけが読めない、となっているものを選びます。

ここに注意 (1)何人もの人の発言が続《つづ》けて書いてある場合、それぞれが言っていることはちがっていても、内容《ないよう》の方向が共通《きょうつう》していることがあります。共通している方向を読み取るようにします。

16 随筆を読む

• 74・75ページ（ステップ1）

❶ウ

考え方 前の段落《だんらく》で「アマチュア」について書かれていることから、科学者で優れたエッセイの書き手でもある著者はアマチュアとしての面をもっていた、という流れをとらえます。

❷エ

考え方 「木で群《む》れている」「ちゅんちゅんという鳴き声」「飛んでいく」といった特《とく》徴《ちょう》にあてはまるものを選びます。

❸ア

考え方 第二段落《だんらく》に「いったいなにがかっこよかったのかというと、それは父のもつ広く深い知識です」とあります。

❹エ

考え方 「お社に通じる参道」の古杉並木を見ながら「九世紀半ばから伝わる修験の気配」に身が引きしまる思いをしていることから、筆者がいる場所が古くから信仰の対《たい》象《しょう》になっていたことがわかります。

ここに注意 随筆には筆者の具体的《てき》な経験《けいけん》・体験《たいけん》がよく書かれていますが、体験や出来事だけでなく、それを書くことで筆者が何を感じ、何を読者に見せようとしているのかに注目し、読み取る必要《ひつよう》があります。

• 76・77ページ（ステップ2）

1 (1)ア
(2)ウ
(3)ウ
(4)ウ

考え方 (1)「『プランニング』自体が億劫なのである」と書いてあることから、宿の手配などの「プランニング」をやりたがってはいないことを読み取ります。(2)後に「頭ひとつで、居ながらにして宇宙旅行」という文があることから、頭の中で考えて旅をすることを指していることを読み取ります。(3)直後の「いついかなる瞬間も、仕事といえば、仕事なのである」とあるので、仕事から離《はな》れる時間がない、ということを表す文を選びます。(4)「彼もまた」とあるので、筆者と同じタイプの人であると考えられます。筆者の性質《せいしつ》と同じものを選びます。

● 78〜81ページ（ステップ3）

❶ (1)(例)日が沈む前にキャンプ場に着きたかったから。

(2)(例)予想とちがって、荒れた道を半分も進まないうちに日が沈んでしまったこと。

(3)キヨタくん（五字）

(4)(例)「ぼく」のメッセージどおりにキャンプ場に自転車で向かったら、道になっていない崖を登ることになり、さんざんな目にあったから。

考え方　(1)「ぼく」は、日は沈みかけているが、二十分で着けるだろうと考えて、キャンプ場に向かっています。ここから考えます。(2)日が沈んだことと、まだ半分も来ていないことが書いてあった後に「まずいぞ、これは」と書いてあります。(3)「キヨタくん」あてに「ぼく」が残《のこ》したメッセージを持ってきていることから考えます。(4)キャンプ場までの道の様子は、文章の前半に書いてあります。このことと、メッセージの内容《ないよう》から考えます。

ここに注意　物語や随筆では、とちゅうに書かれたことが、後から重大な意味があることがわかったり、「落ち」になったりすることがあります。これを「伏線《ふくせん》」といいます。

❷ (1)(例)悠介の映画を見ていた。

(2)(例)父は映画がきらいだったから。

(3)(例)息子が作った映画の切抜きが貼られ、見た感想が書き込んであるスクラップブック。

(4)的を射ていた

(5)悠介

(6)(例)映画がきらいだった父が、映画を作る自分の活動をずっと見守ってくれていたことを知ったから。

考え方　(1)ビデオテープに、悠介の映画作品の題名が書かれています。(2)すぐ後に「父はテレビや映画といったものを毛嫌いしていたのだ」と書いてあります。「毛嫌い」とは「はっきりした理由もなく嫌うこと」という意味です。(3)入っていたのが「スクラップブック」であることは、すぐにわかります。スクラップブックの内容《ないよう》が、息子《むすこ》の悠介が作った映画の「切抜き」と、横に書き込まれた「感想」であることを読み取ります。(4)すぐ後に「男（悠介）」が大声で泣き叫び続けたことが書いてあります。泣き出した理由は、スクラップブックから、それまでまったく知らなかった父の本当の気持ちを知ったからです。

17　説明文・論説文を読む (1) ……

● 82・83ページ（ステップ1）

❶ イ

考え方　ナマケモノの動きがのろい理由を説明し、次に、のろい理由である「筋肉が少ない」ことによって有利《ゆうり》になることが書かれています。このような、生物が自然界に生息しているありさまを「生態」といいます。

❷ ア

考え方　「敵の目につきやすくなる」は、群れをつくることでメダカがこうむる不利益《ふりえき》ですが、それをおぎなうだけの利益（イ、ウ、エ）があるので、メダカは群れを作っています。

❸ ウ

考え方　第三段落《だんらく》に、甘さを感じるしくみの説明があります。

❹ エ

考え方　大きさの合う貝がらがあれば、ヤドカリは必《かなら》ずそれに入ることが、文章に書かれた実験《じっけん》からわかります。大きさの合った貝がらに入っていないということは、ちょうどよい大きさの貝がらが海辺になかったということになります。

● 84・85ページ（ステップ2）

1 (1)イ

(2)イ・エ（順不同《じゅんふどう》）

(3)ウ

(4)イ

(5)ウ

考え方　(1)すぐ後の段落《だんらく》に書いてある内容《ないよう》

に注目します。(2)次の文に、それぞれ具体例《れい》、イ(アリマキ・スズメガ)、エ(風蘭)があげられています。(3)「長いくちばしを持ち、花にとまらずにそんなことができる生き物といったら、スズメガしかいません」から、スズメガが花にとまっていないことがわかります。(4)前の段落から「直接」「間接」のどちらの関係もあることがわかります。(5)「何百個飛んでも一見動いているように見える」のは、「見える」だけであって、壊れていないということではないので、「安心はできない」という意味になるものを選びます。

ここに注意 論説文での筆者の主張《しゅちょう》は、なぜそう主張するのかという理由といっしょに書かれています。結論《けつろん》だけでなく、その理由も読み取るようにしましょう。

18 説明文・論説文を読む (2)

• 86・87ページ (ステップ1)

❶ ア・エ(順不同)

考え方 文章中で「完成期に入り」「完成されます」と書いてあるのは「骨」と「皮膚」です。

❷ エ

考え方 「言うことをやめる」のが「近代」と「前近代」とで別《べつ》の受け取られ方をしていることに注目します。「近代」の「つらい不能状態に陥る」と反対の意味になる言葉が入ります。

❸ ア

考え方 最初《さいしょ》の段落《だんらく》から、シダレヤナギが日本の山には生えておらず、植えられたものであることがわかります。

❹ エ→ア→イ

考え方 文章から、スガイよりもイボニシ、アマオブネガイよりもスガイをこのむことがわかるので、好《す》きな順に並べるとイボニシ→スガイ→アマオブネガイとなります。タカラガイは、文章に出てこない貝です。

• 88・89ページ (ステップ2)

❶ (1)イ
(2)ア
(3)九〇
(4)ウ
(5)イ
(6)イ・エ・カ(順不同《じゅんふどう》)

考え方 (1)「豪華本」と対比《たいひ》して書かれています。(2)建物では「建築の影響を受けるだけでなく、建築の表面をいろいろいじることもする」、本では「本の中身を理解する一方……本をよごす」と書かれています。(3)「外部と内部の見え方の割合は建物でも同じ」と書かれているので、本の外部と同じ数字になります。(4)「内部はまったく見えない」「権威主義的」にあてはまる建物を選びます。(5)建物の外部にあって、文字情報が書かれているものを選びます。「表札や看板」は「住所氏名、社名、屋号」が書かれているものなので、「住所氏名、社名、屋号に加えて」の後に続《つづ》けることはできません。(6)第二段落《だんらく》にイ、第三段落にカ、第五段落にエが書かれています。

ここに注意 (1)「安普請」とは、安い材料を使って家を建《た》てることをいいます。ここでも、建物と本を対比していることがわかります。

• 90〜93ページ (ステップ3)

❶ (1)ウ
(2)人を幸せにする力
(3)③ウ ④ア
(4)(人を)不幸にする

考え方 (1)「腹を抱えて笑う」は、大笑いすることを表します。(2)――線②のある段落《だんらく》の最後《さいご》の文に「あの無垢な笑いには、何か人を幸せにする力が潜んでいるような気がしてならないのです」とあります。ここからぬき出します。(4)笑いが「人を幸せにする」のであれば、気難しい顔をしてまわりも暗くする＝笑いをなくすということは、「人を不幸にする」ことだと考えることができます。

❷ (1)なつかなかった(意味が合っていたら正解《せいかい》。)

(2)立派な野生なんだね。（十字）
(3)(例)子グマが、人間がそばにいるとミルクを絶対に飲まないこと。（子グマが野生の生き方をしていること。）
(4)④エ　⑤ア
(5)(例)信用していない相手に決して依存しない生き方。
(6)ウ
(7)(例)子グマから見たら、いつ食われてしまうか、わからない、ぼくというヤツ。（自分を、いつ食ってしまうか、わからない、ぼくというヤツ。）
(8)死ぬ
(9)圧倒
(10)野生動物とペット（ペットと野生動物）

考え方 (1)「なついてくれるだろうと思った」のに「ところが」と続《つづ》いているので、予想と反することになったことがわかります。(2)「お前は……」の続きは、後に書かれています。「――こんなちっちゃな子グマでも、ほんの数ヶ月母親に育てられただけでも、お前は立派な野生なんだね。」という部分をさがします。(3)子グマが飲まなかったミルクが、筆者がいない間になくなっていることから考えます。さらに、続く二つの段落《だんらく》で、「子グマの生き方に圧倒され」「野生動物がもつ、そのかたくなな生き方にぼくは打ちのめされた」といった言葉が文章の中で何度も出てきていることに注目すると、「ミルクを飲まない」子グマの「野生」としての生き方の重さが書かれていることがわかります。(5)「相手に依存したら、生きていけない」「信用していない相手に依存したら、それは死を意味する」「ぼくに気を許すことはない」といった言葉が出てきていることに注目します。(6)野生は「相手に依存したら、生きていけない」ので、ミルクをもらう＝相手に依存するということは、野生ではなくなるということになります。(7)「そんな」の指示内容《しじないよう》を答えます。すぐ前にある「子グマから見たら、ぼくという動物に、いつ食われてしまうか、わからない」を問いに合わせて修正《しゅうせい》します。(8)第四段落に「ぼくがそばにいれば、何も口にせず、そのまま子グマは死んでいくだろう」とあることから考えます。(9)同じような「ぼくは子グマの生き方に……」という表現《ひょうげん》があります。(10)文章の中で何度も、子グマが野生動物で、ペットではないことが書かれています。

ここに注意　一つの出来事を、見方を変えて書くことで、その出来事の意味をより深くほり下げることができます。同じ出来事がくり返し書かれている場合は、どんな見方で書かれているのかに注目します。

19 詩を読む

• 94・95ページ（ステップ1）

1 雪

考え方 「あとからあとから空に湧く」「際限もなく舞う」「純白の点点」といった表現《ひょうげん》を手がかりにします。

2 エ

3 イ・オ・キ

考え方 イ…二行目は「ことは。」で終わっていて、文の終わりの表現が書かれていません。オ…四行目と五行目の順番が入れかわっています。キ…三行目で「羊たちよ」と呼びかけています。

4 ア

考え方 これより前に、「十三時」「二十三時」などの時刻《じこく》や「針」と書かれていることに着目して考えます。

• 96・97ページ（ステップ2）

1 (1)エ
(2)ア
(3)イ
(4)ウ

考え方 (1)二頭の子馬が村へ帰っていく様子を描《えが》いた詩です。子馬の行き先は村なので、「白い通路」の続く先も村ということになります。(2)第一連《れん》で、子馬が二頭、村へ帰ってゆくことが書かれています。第二連はその続きと考えられます。「たのしそうにしっぽを振って」も手がかりになります。(3)「母のようなあかり」から、帰りを待っていて、夜の間、休ませてくれる所を思いうかべることができます。(4)「郭公(鳥)」が「美しい声」で、と書かれていることから、鳥の美しいさえずりを表す言葉を選びます。

2 (1)汽笛は鳴る
(2)イ

考え方 (1)この詩では、音がする様子が描かれているのは、二か所ある「汽笛は鳴る」だけです。(2)「ある」「清くなる」「咲いている」は、ものが動いている様子を表す言葉ではありません。

20 短歌・俳句を読む

●98・99ページ（ステップ1）

1 (1)エ (2)イ (3)や

考え方 俳句では、一～三月が春、四～六月が夏、七～九月が秋、十～十二月が冬というきまりになっています。「こいのぼり」は五月五日にかざるものですから、夏の季語になります。

ここに注意 季語は古いこよみにもとづいているので、今の季節感とずれることがあります。「こいのぼり」のほかにも、例《たと》えば「七夕《たなばた》」は七月なので、夏ではなく秋の季語となります。(3)俳句の切れ字は、意味の切れ目に置《お》く言葉で、「や」の他に「か」「よ」「けり」などがあります。

2 (1)寒波 (2)エ (3)イ

考え方 「寒波急」は、急に寒波がやって来て寒くなったことを表しています。したがって「細く」は、寒さにちぢこまっている様子ということになります。

3 (1)イ
(2)あじさいに大かたつむり(と)みどりごにはじめての歯

考え方 「あじさいに大かたつむり」と「みどりごにはじめての歯」が対《つい》になっています。この二つがどちらも「あわきよろこび」なのです。

4 Aエ Bウ

考え方 「わが日常はしばしはなやぐ」なので、「はなやぐ」のは「わが日常」となります。「はなやぐ」理由は「いちめんに垂氷となれる岩かげ」、つまり、「一面に垂氷ができた岩かげ」です。

●100・101ページ（ステップ2）

1 (1)A(季語)椎の実 (季節)秋 B椎の実は一 (2)イ

考え方 (1)「竿でうつと実が落ちる」ことが書かれている文をさがします。(2)「句を貰って」の「句」は、すぐ前に書いてある句です。この句をよむことができたのは、子供達といっしょに椎の実を取っていたからです。

2 (1)水が全く見えず
(2)ア
(3)ウ

考え方 (1)「始めは仲々句が出来なかったが」の後に書いてある、水面の様子を見ていきます。(2)句のすぐ前の「水が全く見えず、二三百の花が一面に咲いていた」が、句でよんだ情景《じょうけい》です。(3)『残さず』を『余さず』に推敲」から、はじめの句の「残さず」を「余さず」に変《か》えたものを選びます。

●102～105ページ（ステップ3）

1 (1)①芽(針) ②雨(①、②は順不同)
(2)ながめ
(3)春雨の降るは涙か
(4)花の色はうつりにけりな
(5)Ⅰ万物を育む暖かな慈雨(十字)
Ⅱ散るのを惜しむ人々の涙(十一字)

考え方 (1)文章の「薔薇の芽の針にふる雨」と、歌の「針やわらかに春雨のふる」から、「薔薇の芽の針」と「春雨」がやわらかいのだと考えます。(2)文章に「『ながめ』という言葉には、『長雨』と……」という説明《せつめい》があります。(3)歌と見比《みくら》べて、五・七・五・七・七の切れ目でぬき出します。(4)(3)と同じように、歌と見比べて、切れ目でぬき出します。「うつりにけりな」の「な」は「〜だなあ」という意味です。(5)Ⅰは芽生えを誘《さそ》う、やわらかなめぐみの雨で、Ⅱは花が散るのを惜しむ涙のような雨です。Ⅲの雨は「花を散らす張本人」とも書かれていますが、――線⑥はCの歌について書いてある部分なので、「花を散らす雨」という意味ではありません。

2
(1)(例)葉がすっかり落ちた様子。
(2)(例)草木がかれ、虫類がいなくなる様子。
(3)(例)人にも草木にも虫にもいやがられる冬が来るのを、光太郎だけが喜んでいるから。
(4)ウ
(5)刃物のような冬が来た
(6)⑥厳しさ（四字）⑦たくましさ（五字）

考え方 (1)冬のイチョウは、葉がすっかり落ち、枝《えだ》が上に向かって広がっています。光太郎はその様子を、さかさに立てたほうきにたとえています。(2)冬に草木や虫類がどうなっているのかを考えます。(3)すぐ後に、理由が説明《せつめい》してあります。(4)第三連《だいさんれん》だけが「来い」となっています。(5)すぐ後に、「冬はよけいな飾りを刃物のように剥ぎ取って、ものの本当の姿をさらけ出してしまいます」と書いてあることから、「刃物のような冬」が、人の生地をさらしてしまうということがわかります。(6)文章には、光太郎が冬を気に入った理由が二つ書かれています。一つ目の「冬の厳しさ」についての部分の最後《さいご》に⑥が、二つ目の「冬のたくましさ」についての部分の最後に⑦があります。

ここに注意 詩では、あるものを他のものや人などにたとえて表すことがよくあります。たとえがどんな様子を表しているのか、思いうかべてみましょう。

●106〜109ページ（そうふく習テスト①）

1
(1)①イ ⑤ウ
(2)・(例)ヨツボシクサカゲロウだけである点。
・(例)オスだけである点。
・(例)ふだんは昆虫を食べているのに、植物のマタタビを食べてしまう点。（順不同《じゅんふどう》）
(3)イ
(4)増えている（多くなった）

考え方 (1)①前は「……有名です。」が、後ろは反対に「……知られていないようです。」となっています。⑤いろいろな事情《じじょう》はさておき、「……といえましょう。」ととりあえずの結論《けつろん》を出しています。(2)「不思議なことに」の後に続《つづ》く部分に、不思議な点があげられています。(3)「自然教育園」と「世田谷区の自宅」で、マタタビによってきたクサカゲロウの数がかなり違っています。また、都内の百人に協力してもらった結果は、都心部と郊外での数の違いに注目したものです。ここから、環境の違いと数の違いの関係に注目していることがわかります。(4)アブラムシはクサカゲロウのえさとなる昆虫なので、クサカゲロウが多いのであれば、アブラムシも多いと考えることができます。

ここに注意 文章の中で、観察《かんさつ》したり調べたりしている場合は、数や様子の違いに注目してみましょう。

2
(1)A子ギツネ B(例)くさりにつながれていた。
(2)A② B父ギツネ
(3)(例)秋田犬をおびき出すため。
(4)(例)二ひき目の親ギツネがあらわれたから。（親ギツネがもう一ぴきいたから。）
(5)⑥ウ ⑦イ
(6)(例)子ギツネにお乳をすわせるため。
(7)母と子のキツネ

考え方 (1)あらわれた二ひき目の親ギツネ(母ギツネ)についていこうとした場面で、子ギツネがくさりにつながれていることがわかります。(2)②の「かれ」は、「ねどこをはい出して」などから「正太郎」であることがわかります。(3)「先ほど犬をおびき出していった父ギツネも帰ってきた」という文があります。このとき、ニワトリについては書かれていないので、父ギツネはもうニワトリをくわえていないようです。また、秋田犬は帰ってきていない様子です。ここから、ニワトリが秋田犬をおびき出すために使われたということがわかります。(4)すぐ前の文から、「別の親ギツネ」があらわれたことに「正太郎」がびっくりしていることがわかります。(5)「鼻をくんくん」鳴らし、「歯でがりがり」かみます。(6)次の文で、子ギツネが母ギツネのお乳をすっていることが書いてあるので、母ギツネがそのために「横になった」ということがわかります。(7)同文中にあります。

● **110〜112ページ（そうふく習テスト②）**

(1)ウ

(2)食料品(食べ物)

(3)A(例)無限の食料宝庫
B(例)熱帯雨林の葉や種子には、有毒物質が非常に多いから。

(4)(例)熱帯雨林の植物は、葉や種子に有毒物質を非常に多く含み、動物に食べられないように防衛システムを作りあげたから。

(5)A…果実　B…種(胚)　C…芽

(6)(例)果肉だけ食べて、種は食べなくなる。

(7)虫→果実→葉

考え方 (1)「六階建ての緑のビルディングのようなもの」と書かれています。(2)植物の種類が多いことを「多彩なメニューが用意されている」といっています。また、次の段落《だんらく》に「無限の食料宝庫」という言葉もあることから、植物を食料としてとらえていることがわかります。(3)A「そう」の指す内容《ないよう》をとらえます。「食べ物が無限にある」なども可《か》です。B食べられない植物がある理由として「有毒物質が非常に多い」と書かれています。(4)「このために」の「この」が指示《しじ》する内容《ないよう》が答えになります。前の段落《だんらく》の結論《けつろん》に「熱帯雨林の植物は、動物に食べられないように防衛システムを作りあげた」とあります。それに「防衛システム」の具体的《ぐたいてき》内容である、同じ段落中の「熱帯雨林の葉や種子には、有毒物質が非常に多いのだ」を加《くわ》えて一文にします。(5)――線③の前に書かれている部分から読み取ります。「元も子もない」は「なにもかもなくしてしまうこと」という意味です。(7)虫を食べる哺乳類が進化してサル類になったので、最初《さいしょ》は「虫」です。第六段落《だんらく》に、「第一に狙ったのは果実である」と書かれています。さらに、第七段落の最後《さいご》で「葉食に向けられた」と書かれています。ここから、虫→果実→葉という順番《じゅんばん》であることがわかります。

受験研究社

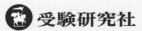